Das Marienhospital Darmstadt

*Teile des späteren Marienhospitals im Jahr 1908. Rechts die Villa Goebel, daneben die zur Villa gehörenden Häuser der Angestellten, die Remisen und Stallungen. Links das ,Haus Kräheneck' (Schwab'sche Villa) mit Gartentempelchen.*

*Das Marienhospital im Jahr 2006.
Das Kleingartengelände am linken Bildrand
ist heute Parkplatz des Marienhospitals.*

Herausgeber:
Dr. med. Immo Grimm & Dr. med. Wolfgang Kauder

Veröffentlichung:
Justus von Liebig Verlag, Darmstadt 2018

Titelbild: Marienbild im Treppenaufgang der alten Villa, ca. 1950

Bibliografische Information der Deutschen Bibliothek:
Die Deutsche Bibliothek verzeichnet diese Publikation in der
Deutschen Nationalbibliothek; detaillierte bibliografische
Daten sind im Internet über http://dnb.d-nb.de abrufbar.

ISBN 978-3-87390-406-4

Printed in Germany

*Immo Grimm & Wolfgang Kauder*

# Das Marienhospital Darmstadt

## Vom Ordenshospital zur Klinikum-GmbH

## 1930 – 2017

*Justus von Liebig Verlag*

# Inhalt

# Vorwort

Der erste Archivar in Diensten der Stadt Darmstadt, Adolf Müller, publizierte 1929 eine Arbeit über die medizinische Vergangenheit Darmstadts. Im Vorwort schrieb er: *„Medizingeschichte ist Sache des Arztes."* Trotzdem habe er sich als Historiker an diese Arbeit gewagt. Immo Grimm geht den von Müller vorgeschlagenen Weg: Als Arzt forschte er schon mehrfach über die Vergangenheit Darmstädter Krankenhäuser, zuletzt 2013 mit seiner umfassenden Untersuchung zur – zum Teil düsteren – Geschichte der Provinzial-Pflegeanstalt in Eberstadt, deren Gebäude heute (noch) Teil des Klinikums Darmstadt sind.

Mit dem vorliegenden Buch legt er nun die Geschichte des Darmstädter Marienhospitals vor. Es war eine mühsame Arbeit, denn es standen kaum originäre Quellen zur Geschichte der Einrichtung und des Gebäudes zur Verfügung. Als Stadtarchivar kann ich die Emotionen des Autors nachvollziehen, als er zu Beginn seiner Forschungen statt eines vermeintlich gut gefüllten Aktenkellers nur leere Räume vorfand. Aus Sekundärliteratur und Zeitungsberichten, aus den Erinnerungen früher handelnder Personen und noch lebender Zeitzeugen entstand ein Mosaikbild, das nicht alle Überlieferungslücken füllen konnte; der Autor selbst macht darauf aufmerksam.

Spannend sind besonders die Ereignisse vor der Errichtung des Hospitals. Zwei katholische Frauenorden rangen um die Baugenehmigung. Beide Schwesternschaften standen vor dem Kauf prächtiger Villen als Basis des jeweiligen Krankenhauses. Einer der beiden Orden brachte sich am Ende selbst um den Erfolg. Schließlich sprach der zuständige Mainzer Bischof ein Machtwort zu Gunsten der Schwestern von der Göttlichen Vorsehung.

Erschütternd lesen sich die Schilderungen der Ordensfrauen, die die Brandnacht Darmstadts im September 1944 in ihrem Hospital erleben mussten. Nach dem Krieg entwickelte sich das Marienhospital in gut geplanten Schritten zu einem Krankenhaus der Grundversorgung. Fast alle Arbeitsplätze wurden seit der

Gründung von Ordensschwestern besetzt. Die Betten belegten niedergelassene Darmstädter Ärzte (Belegärzte) mit ihren Patienten. Nach 80 Jahren mussten die Schwestern das Krankenhaus schließlich aufgeben. Es fehlten der Nachwuchs und damit die Arbeitskräfte, die für Gotteslohn arbeiteten. So kam es zum Anschluss an das Klinikum Darmstadt.

Immo Grimm hat seiner Darstellung eine chronologische Ordnung zugrunde gelegt und die geschilderten Ereignisse durch viele informative Fotos ergänzt. Er lässt, soweit dies möglich war, die Quellen selbst reden und vermeidet die Kommentierung. Auch wenn manche der geschilderten Aspekte des Geschehens weniger wichtig als andere erscheinen, so ergibt die Gesamtschau ein vollständiges Bild des Marienhospitals in seiner Entstehung und in seinem Wirken.

Mit der vorliegenden, sehr verdienstvollen Arbeit, schließt Immo Grimm, intensiv unterstützt von Wolfgang Kauder, eine Lücke in der Geschichte der Darmstädter Krankenhäuser und des Darmstädter Gesundheitswesens, die beide auch ein wichtiger Teil der Geschichte Darmstadts sind.

Dr. Peter Engels
Leiter des Stadtarchivs Darmstadt

# Einleitung

Im Frühjahr 2017 fragte der ehemalige Leitende Arzt des Marienhospitals, Dr. Wolfgang Kauder, ob ich die Geschichte des 1930 von den Schwestern zur Göttlichen Vorsehung gegründeten Hospitals schreiben wolle. Ich hatte bis dahin schon über mehrere Darmstädter Kliniken recherchiert und darin eine gewisse Übung entwickelt. So erschien mir die Arbeit relativ einfach, denn das Marienhospital hatte keine Bombenschäden erlitten, Akten und andere Unterlagen mussten vorhanden sein. 2015 war das Hospital vom Klinikum Darmstadt übernommen worden, so trug ich dort mein Anliegen vor. Es wurde begrüßt und ich erhielt die Erlaubnis, im Archiv zu arbeiten. Schwester Liberata Ricker, die seit 1988 das Marienhospital geleitet hatte, sagte ebenfalls ihre volle Unterstützung zu. So betrat ich frohgemut den Aktenkeller. Und was fand ich? Nichts!

Vorschriftsmäßig standen dort nur die Aktenordner der letzten dreißig Jahre, länger braucht ein Krankenhaus Unterlagen nicht aufzubewahren. Ich resignierte. Dann erinnerte ich mich; Ähnliches war mir bei der Eleonoren-Kinderklinik passiert. Dort waren alle Unterlagen in der Bombennacht 1944 verbrannt, aber ich hatte da und dort Brauchbares gefunden, so dass schließlich doch eine Geschichte geschrieben werden konnte.

So war es auch jetzt. Funde im alten Darmstädter Tagblatt, dem Darmstädter-Echo-Vorgänger, im Echo-Archiv und im Stadt- und Staatsarchiv ermöglichten den Einstieg in das Thema. Spannende Briefwechsel zur Vorgeschichte der Hospitalgründung fanden sich im Dom- und Diözesanarchiv in Mainz. Im Klosterarchiv der Schwestern in Finthen zeigte man mir handschriftliche Aufzeichnungen von Schwestern aus der Gründerzeit. Archivschwester Hiltrud fand Fotos aus den dreißiger Jahren, und die Karteikarten aller Oberinnen lieferten deren Lebensdaten. Wertvoll waren auch die Erinnerungen früherer Mitarbeiterinnen und Leitender Ärzte. Und Wolfgang Kauder gelang die Beschaffung der Geschichte des ersten Leitenden Arztes der dreißiger Jahre, von dem bis dahin nur noch der Nachname bekannt gewesen war.

Trotz aller Funde mag der vorliegende Text öfters als zusammenhanglose Aufzählung von Ereignissen und von Berichten ehemals handelnder Personen erscheinen. Es gibt jahrelange Lücken, die nicht durch Funde oder Erinnerungen zu füllen waren. Beispiel dafür ist das wunderschöne, riesige Marienbild-Glasfenster im Treppenhaus der alten Villa. Es wurde nach dem Krieg zur Einlösung eines Gelübdes eingesetzt. Heute weiß keine der Schwestern mehr, wann das geschah, welcher Künstler es geschaffen und welche Werkstatt es gefertigt hat. Nur der Name Knoblach – Mainz wurde überliefert. Die Umfrage bei Museen, Archiven und Glaskunstwerkstätten in Deutschland und in der Schweiz brachte keine Hinweise.

Geschichte lebt nur weiter und wird bewahrt, wenn man sie aufschreibt. So schrieb ich nieder, worüber ich Unterlagen gefunden hatte und ergänzte es mit Berichten von Zeitzeugen. Der Leser möge mir die lückenhafte Chronologie nachsehen und stattdessen den Fleiß, die Hingabe und unermüdliche Schaffenskraft der frommen Frauen und ihrer Mitarbeiter bewundern, die ein christliches Krankenhaus erbauten und 80 Jahre vorbildlich führten.

Warum gaben sie auf? Viele Jahrzehnte lang wurde das Marienhospital fast ausschließlich von hoch motivierten, nur für „Gotteslohn" arbeitenden Schwestern geführt. Sie besetzten nahezu alle Stellen, von der Verwaltung bis zum Operationssaal, von der Küche bis zum Säuglingszimmer und vom Stationsdienst bis zur Röntgen- und Laborabteilung. Die Personalkosten waren niedrig. Aber die Zahl der Ordensschwestern wurde im Laufe der Zeit immer geringer, es fehlte der Nachwuchs. Immer häufiger mussten bezahlte Funktionskräfte eingestellt werden.

Heute besteht der Gesamtetat in jedem Krankenhaus zu zwei Dritteln aus Personalkosten. Auch kleine Häuser wie das Marienhospital wurden zu hoch komplexen, teuren Institutionen. Solche Einheiten können mit ihrer medizinischen Grundversorgung die Löhne nicht mehr erwirtschaften. Zum Überleben braucht man Partner mit betriebswirtschaftlichen Führungsstrukturen und neuen Ideen. So wurde das Marienhospital an das Städtische Klinikum übergeben. Beide profitieren davon. Das Marienhospital mit seinem christlichen Leitbild lebt weiter. Das Klinikum erhielt eine großartige Liegenschaft und eine bestens renommierte Institution. Insbesondere die Entbindungsabteilung des Marienhospitals ist seit Jahrzehnten eine der größten und beliebtesten in ganz Südhessen. Unzählige Darmstädter wurden hier geboren. Das soll auch weiterhin so bleiben.

Immo Grimm
Darmstadt, April 2018

*Villa Goebel, ‚Haus am Forellenteich‘. Reproduktion eines Gemäldes, von dem weder der Verbleib noch der Künstler bekannt sind. Die Abbildung war früher im Internet zu finden. Rechts der Gartenpavillon der Villa Goebel, im Hintergrund das ‚Haus Kräheneck‘ (Schwab’sche Villa).*

# Zwei Villen

## Das Gästehaus der Technischen Universität

In der Vorgeschichte des Darmstädter Marienhospitals spielten zwei prächtige Villen und zwei katholische Frauenorden eine besondere Rolle, bis es schließlich zum Bau des Hauses kam. Die eine Villa, das heutige Georg-Christoph-Lichtenberg-Haus, Gästehaus der Technischen Universität in der Dieburger Straße 241, ließ der Darmstädter Martin Röhrich bauen, der bis dahin das „Hotel-Restaurant zur Oper" am Theaterplatz geführt hatte. Das mit Aussichtsturm und Zierfachwerk im traditionalistischen Stil gehaltene „Parkhotel" wurde 1899 eröffnet 1910/11 erhielt es durch den mittlerweile vierten Besitzer, Prinz Otto Heinrich zu Schaumburg-Lippe, sein heutiges Aussehen.

Architekt für den Umbau war Jakob Krug (1867–1965), ein Mitarbeiter von Olbrich. Er schmückte den Neubau mit zahlreichen Jugendstil-Elementen aus. 1925 erwarb ihn Graf Renault van Becker, Kaiserlich-Persischer geheimer Legationsrat, Ehrentitel Khan, im Rahmen eines Insolvenzverfahrens. Auch er belastete das Anwesen derart mit Schulden, dass er schon 1928 an einen Verkauf dachte. 1936 wurde es zwangsversteigert, wechselte mehrfach die Verwendung, war u. a. Reservelazarett, nach dem Krieg Frauenklinik, schließlich noch 20 Jahre Studentenwohnheim. Die heutige Nutzung kommt der ursprünglichen noch am nächsten.

*Parkhotel vor dem Umbau zur Villa, dem heutigen Gästehaus der Technischen Universität.*

## Die Villa Goebel – ‚Haus am Forellenteich'

Die andere Villa, das ‚Haus am Forellenteich', ließ der Maschinenbaufabrikant Kommerzienrat Johann (Jean) Peter Goebel für sich und seine Familie, nach eigenen Plänen, von dem seit 1899 in Darmstadt ansässigen Baumeister Karl Klee (1871-1927) errichten. Am 29. März 1905 wurde am Martinspfad 72 der Grundstein des Hauses gelegt. Das Grundstück lag in der Flur VII, Nr. 241–250,

*Gästehaus der Technischen Universität Darmstadt in der Dieburger Straße.*

*Das Zahnrad als Maschinenbauteil in Wappen steht allgemein für die Industrialisierung, hier aber für Goebels Beruf.*

damals noch außerhalb des städtischen Bebauungsplanes, in der Nähe dreier ehemaliger Bessunger Forellenteiche. Der Martinspfad vor dem Marienhospital war der Staudamm. Die Feldgewann erhielt so ihren Namen.

Sein Vater Georg Goebel und er hatten die übernommene Maschinenfabrik Gandenberger durch Erfindungen, besonders durch die Konstruktion spezieller Druckmaschinen zu internationalem Bekanntheitsgrad geführt. Stolz präsentiert er ein Maschinenteil, ein Zahnrad, im jugendstiligen Hauswappen am Giebel der Westseite, als Zeichen für den eigenen Beruf. Als Geräteteil wird es seit viertausend Jahren benutzt, als Wappenteil erscheint es ab dem 19. Jh. als Symbol für die Industrialisierung, speziell für den Maschinenbau. Flügel und Helm sind beliebte Verzierungen auf vielen Wappen und haben keine besondere Bedeutung.

In der Urkunde im Grundstein *„will der Bauherr sich und seiner Familie dicht am Walde und fern vom Getriebe der Stadt einen dauernden Wohnsitz gründen. ...... Zum Zeichen, daß es dem Erbauer nicht an Mitteln fehlt, wird in den Grundstein eine Flasche Rheinwein ‚Rauenthaler vom Jahr 1893‘ und ein Satz des hier zu Lande geltenden Metallgeldes eingefügt. Solange er dort ruht, möge der Erbauer und seine Familie mit weltlichen Gütern stets reich versehen sein. Der allmächtige Baumeister aller Welten segne auch diesen Bau und halte seine starke Hand über ihn. Der Grundstein des Hauses sei auch ein Grundstein des Glücks. Mögen der Bau und seine Bewohner stets gesegnet sein. Amen.“*

*„Klee hat mit sehr viel Phantasie die Villa mit dem Stil- und Formenrepertoire der Zeit gestaltet. Er hat im Historismus des ausgehenden 19. Jahrhunderts gelernt und folgerichtig eine Villa im Landhausstil unter Verwendung verschiedener älterer Baustile geschaffen. Aber es wird überall spürbar, dass er sich nicht der aktuellen Mode der Zeit, dem Jugendstil, entziehen konnte. Neben neubarocken Zitaten sind meist florale Elemente des neuen Stils harmonisch eingefügt.“* (Aus einer Rede von Nikolaus Heiss in 1999 zur Einweihung *des Café am Forellenteich* im Marienhospital.)

*Villa Goebel mit Teich und Schwan, Foto vor 1930.*

*Johann Goebel*

*Turmhaube der Villa Goebel*

Die Maurerarbeiten führte Ferdinand Mahr aus der Müllerstraße aus. Die angesehene Firma Arnold & Söhne aus Seitenhausen bei Miltenberg erhielt den Auftrag für die Steinmetzarbeiten. Jean Goebel lebte mit seiner Frau Anna Marie Luise Peppler und den Kindern Georg, Willy, Elisabeth und Anna in der Villa bis 1917. Jean Goebel wurde am 1. September 1917 geschieden und starb 58jährig am 24. November 1917 an einem Herzinfarkt. Das Haus erwarb der Ministerialrat Dr. Paul Emmerling. Er starb vor 1927. Seine Witwe verkaufte das Haus und zog in die Villa Ostermann, das heutige Designhaus im Eugen-Bracht-Weg.

Goebels Sohn Willy erinnert sich 1989 in einem Brief (Auszug): *„Das Grundstück kostete 40 Pfennige pro Quadratmeter. Es war noch nicht als Bauland ausgewiesen. Baubeginn war 1895. Es gab große Erdbewegungen, aus denen sich am Ende der Hügel mit dem Tempelchen darauf ergab. Das Haus hatte einen Tiefbrunnen und eine neuartige Heizungsanlage, in die der Koks von oben eingefüllt wurde. Das elektrische System des Hauses war kompliziert und mit Hilfe der Technischen Hochschule konzipiert worden: Ein Gasmotor produzierte Strom, der in Batterien gespeichert wurde. Bei stärkerem Verbrauch sprang der Gasmotor an, der zusätzlichen ‚Parallelstrom‘ lieferte. Hinter dem Haus gab es einen Nutzgarten, vorne den Ziergarten mit Teich. Gärtner und Kutscher wohnten mit ihren Familien in den kleinen Fachwerkhäusern. Pferdestall und Hundezwinger lagen etwas abseits. Meine Tante Lisa, die Schwester meines Vaters, starb 1942 im Marienhospital, sie lebte auch zwei Jahre dort."*

Eva Reinhold Postina[1] beschreibt 1987 das Haus als eines der gelungensten Darmstädter Jugendstilhäuser: *„Besonders auffällig ist der Turm. Der obere Abschnitt seiner dreiteiligen Haube erinnert an den Blütenkelch einer Glockenblume. Darunter liegen die Fenster des kleinen Turmgeschosses. Die Holzverkleidung zwischen den Fenstern ist mit Schnitzereien verziert. Der untere Teil der Turmhaube ähnelt einer Mütze, die dem Turm zu tief ins Gesicht gezogen wurde. Die überstehenden Ecken des grünspanbedeckten Daches sehen aus wie pausbäckige*

---

1  Ihr Artikel erschien am 29. Dezember 1987 im Darmstädter Echo. Ergänzungen stammen aus ihrem „Spaziergang rund um das Marienhospital", erschienen in: „Menschen im Marienhospital", Ausgabe 2/2011.

*Eingangstür der Villa Goebel, Vordach über dem Hauseingang, Steinmetzarbeit über einem Fenster, Handlauf an der Eingangstreppe, Sonnenuhr mit Forellen an der Südseite und Gitter vor dem Souterrain-Fenster.*

Fischköpfe und sind als Wasserspeier nützlich. Fast schon an Pariser Metrostationen erinnert das Vordach über dem Haupteingang des Portals. Es ist aus Eisen geschmiedet und mit Glas wetterfest überdacht. Eine Kristall-Leuchte vervollständigt das Entree.

Wunderschön ist auch die Holztür mit ihrem geschmiedeten Ziergitter, auf dem sich, wie überall rund ums Haus, die Bewohner des Forellenteichs tummeln – Frösche und Vögel. Die Laterne, die den Weg erhellt, ist ebenso sehenswert wie die schmiedeeisernen Gitter vor den Souterrainfenstern: Metallenes Laubwerk, Blätter, Blüten und Dolden ranken sich um die schützende Konstruktion. Den Schriftzug ‚Haus am Forellenteich‘ hat der Steinmetz ebenso wie die Plakette mit Namen des Planers und Baudatum in Jugendstillettern gemeißelt. Fenstereinfassungen und Balkone tragen steinernen Schmuck. Direkt unter der Traufe sitzt eine Sonnenuhr, in der drei muntere Forellen aus Stuck die Stunden anzeigen. Aus dem mächtigen Sockel ragen einzelne, grob behauene Steine hervor. Sie lassen den Bau solide wie eine Burg aussehen. Alle diese gut erhaltenen Details heben die Villa am Martinspfad in den Rang einer Jugendstilschönheit.“ Ein drohender Drache zeigt, dass der Brunnen am südlichen Haussockel kein Trinkwasser führt.

*Steinmetzarbeit über dem Brunnen an der Südseite.*

20

*Gartentempel der Villa Goebel*

*Marienfigur aus Banneux (Belgien)*
*im Gartentempel der Villa*

Zur Villa gehört auch der gemauerte, achteckige Pavillon auf dem Hügel neben dem Krankenhaus, von dem man auf den vorderen Teil der ehemaligen Forellenteiche blickt. Darin hatten die Schwestern früher eine Herz-Jesu-Figur aufgestellt. Seit 2007 steht dort eine hübsche Banneux-Muttergottes, gestiftet vom Freundeskreis der Schwestern. Der Hügel war aus dem Bauaushub und anderen Erdbewegungen entstanden und – mit spärlichem Erfolg – mit Reben bepflanzt gewesen. Die Gegend war früher bis zum südlichen Grundstücksrand unbewaldet und bestand aus Äckern, Wiesen und Weinbergen, die von Bessunger Bauern bewirtschaftet wurden. Der vordere Teich war um 1850 der ‚Bessunger Woog', eine kleine Badeanstalt mit Kahn, Sprungbrett, Umkleidehäuschen und einem Unterstand für die Pferde der Offiziere, die von der Bessunger Artillerie-Kaserne hierher zum Baden ritten.

## Die katholischen Frauenorden

Im 19. Jahrhundert kam es in Europa zu unzähligen Neugründungen mit phantasiereichen Namen, besonders um die Mitte des Jahrhunderts. Man hat diese Zeit auch einen „klösterlichen Frühling" genannt. Allein in Preußen entstanden in den ersten 50 Jahren des 19. Jahrhunderts über 20 neue Frauenorden mit insgesamt 4122 Mitgliedern und 504 Niederlassungen. Der Impuls kam weniger durch eine neue Form von Religiosität, sondern überwiegend aus den wirtschaftlichen und sozialen Folgen der Industrialisierung für eine anwachsende Bevölkerung. Gerade die Frauenkongregationen trugen durch ihre karitative und erzieherische Arbeit dazu bei, die sozialen Probleme der entstehenden Industriegesellschaft zu mildern.[2] Ambulante Armenkrankenpflege, Kinderfürsorge und Volksbildung, Waisenhäuser, Altenheime und Krankenhäuser waren das Betätigungsfeld der frommen Frauen. Beispiele dafür sind die beiden in Darmstadt tätigen katholischen Orden. Andere in Darmstadt in gleicher Weise tätigen religiösen Gemeinschaften werden hier nicht genannt, sie haben mit der Geschichte des Marienhospitals nichts zu tun.

## Der lange Weg bis zur Ordensfrau

beginnt mit gegenseitigem Kennenlernen im verpflichtungsfreien Zusammenleben mit der Ordensgemeinschaft. Der eigentliche Eintritt erfordert ein amtliches Führungszeugnis, und die Kirche prüft, ob die Anwärterin frei von Bindungen und Verpflichtungen ist. Es folgt das kirchenrechtlich vorgeschriebene Noviziat für etwa zwei Jahre, in dem sich die Bewerberin unter Anleitung intensiv mit der Geschichte und dem geistigen Wesen des Ordens befasst. Danach beginnt mit dem ersten Gelübde eine zeitliche Bindung an den Orden von 3-5 Jahren. Hier verpflichtet sich die Schwester, nach den Regeln der Gemeinschaft arm, ehelos und gehorsam gegenüber der Ordensführung zu leben. In

---

2 Relinde Meimes: „Arbeiterinnen des Herrn – Katholische Frauenkongregationen im 19. Jahrhundert", Campus Verlag 2000.

dieser Zeit liegt der Schwerpunkt auf beruflicher Ausbildung und dem Einsatz in sozial-karitativen Einrichtungen oder im Orden selbst. Der letzte Schritt ist das Ewige Gelübde, die „Ewige Profess". Jetzt überschreibt die Schwester dem Orden ihren persönlichen Besitz per Testament, erhält ihn aber bei einem eventuellen Austritt zurück.

*Kloster der Schwestern zur Göttlichen Vorsehung in Mainz-Finthen, Zeichnung von Werner Lang (1933-2005).*

# Zwei Bewerberinnen für den Krankenhaus-Bau

## Die Schwestern vom Göttlichen Erlöser (Bühl)

Die Ordensgemeinschaft wurde 1849 durch Elisabeth Maria Eppinger, Ordensname Mutter Alfons Maria, mit Unterstützung des katholischen Pfarrers Johannes Reichard in deren Heimatort Bad Niederbronn im französischen Elsass gegründet. Die Schwestern sind deswegen auch als *„Niederbronner Schwestern"* bekannt. Der Gründungsname lautete Orden der *Töchter des göttlichen Erlösers zur Verpflegung armer Kranken und zur Unterstützung anderer Armen*. Der Name war Programm. 1863 erhielten sie ein päpstliches Belobigungsschreiben mit der gleichzeitigen Anordnung einer Namensänderung in *Schwestern vom allerheiligsten Heiland*. 1866 erfolgte die päpstliche Anerkennung (Approbation). Die Schwestern waren nun eine Ordensgemeinschaft päpstlichen Rechts, d. h. sie waren und sind direkt dem Papst unterstellt. Örtliche Bischöfe haben kein Weisungsrecht. Zivilrechtlich ist es eine Körperschaft Öffentlichen Rechts.

Es erfolgten Neugründungen in Deutschland und Österreich. Heute ist der Orden weltweit vertreten. Das Generalmutterhaus befindet sich im Kloster Oberbronn im Elsass. 1919 kauften die Niederbronner Schwestern ein Grundstück in Bühl (Baden) und errichteten das Kloster „Maria Hilf" als Sitz (Ordenssuperiorat) der neu gegründeten Ordensprovinz Baden-Hessen. Sie firmierten als *Schwestern vom allerheiligsten Heiland* und wurden als Bühler Schwestern bekannt. Die unterschiedlichen Benennungen sind verwirrend. Der heutige Oberbegriff lautet *Schwestern vom Göttlichen Erlöser*.

1859 kamen die ersten drei Schwestern von Niederbronn nach Darmstadt und übernahmen in der Pfarrei St. Ludwig die Kranken- und Altenpflege, ohne Ansehen der Kirchenzugehörigkeit, und erwarben sich die Sympathien auch der überwiegend evangelischen Bevölkerung. Nach dem Schwesternhaus entstanden eine Näh- und Haushaltungsschule, ein Haus für alleinstehende Frauen, ein Mädchenwohnheim, ein Altenwohnheim, ein Kindergarten und die 1888 eingeweihte Kapelle St. Joseph (1944 zerstört). Seit 2011 gibt es das neue Alten- und Pflegeheim St. Josef mit angeschlossener Kapelle. Die Schilderung der hiesigen Aktivitäten der Schwestern soll ihre feste Beziehung zu Darmstadt erhellen, um die Vorgänge in den 1920er Jahren besser verstehen zu können.

## Die Schwestern von der Göttlichen Vorsehung (Mainz)

Ordensgemeinschaften dieses Namens und mit vergleichbarem Wirkungskreis gab es schon vor den Mainzer Schwestern, so 1806 in Frankreich, 1830 in der Schweiz (Baldegger Schwestern) und seit 1842 in Münster / Westfalen. 1818 hatte der Mainzer Bischof Joseph Colmar verfügt, ein „Institut der Schwestern von der Göttlichen Vorsehung" zu gründen, aber sein Tod im selben Jahr verhinderte die Realisierung. Sein späterer Nachfolger, Wilhelm Emmanuel von Ketteler, wurde dann 1851 Stifter der Mainzer „Schwestern von der Göttlichen Vorsehung", zunächst unter dem Namen „Institut der Schul- und Krankenschwestern von der Göttlichen Vorsehung".[3] Auch dieser Name war Programm und verwies auf die Schwerpunkte des neuen Ordens, den Schul- und Krankendienst. 1852 ernannte der Bischof die 1851 zum katholischen Glauben übergetretene Adelige Fanny de la Roche zur ersten Oberin (Mutter Maria). 1855 wurde in Mainz-Finthen der Grundstein zum Bau eines Klosters gelegt. 1860 waren die Schwestern in 13 Schulen des Bistums als Lehrerinnen im Einsatz.

In den folgenden Jahrzehnten leitete der Orden zahlreiche Krankenhäuser. Beispiele: das Hildegardis-Krankenhaus in Mainz, heute Katholisches Klinikum, das St. Rochus-Hospiz in Mainz-Mombach, das St. Josefshaus in Offenbach, das Marienkrankenhaus in Lampertheim, das Städtische Krankenhaus Heinsberg und das Bonifatius-Krankenhaus in Hirschhorn. Weltweit entstanden durch die Ordensschwestern selbstständige Niederlassungen, z. B. in Polen, Südkorea,

---

3  Karl Philipp Preller: „100 Jahre Mainzer Schwestern von der Göttlichen Vorsehung" (Selbstverlag 1951).

der Dominikanischen Republik, Peru und den USA. Sie betreiben dort Kindergärten, Kinderheime, Behindertenwerkstätten, Altenheime und Schulen. Das Ziel lautete damals wie heute, *„weltweit Gottes Vorsehung durch Hoffnung und Heilung transparent zu machen."*

Zunächst waren die Schwestern ausschließlich im Schulwesen tätig. Das änderte sich nach dem *Kulturkampf*, bei dem alle kirchlichen Volksschulen aufgelöst wurden. Der Dienst der Schwestern verlagerte sich in den sozialen Bereich, zunächst hauptsächlich in die Krankenpflege, später wieder in berufsbildende Schulen. In Darmstadt war der Orden bis zu den Ereignissen Ende 1920 nicht aktiv vertreten. Der Orden ist seit 1925 päpstlichem Recht unterstellt, er steht unter der Aufsicht des Heiligen Stuhls. Lediglich zur Errichtung einer Niederlassung müssen die Schwestern die Erlaubnis des zuständigen Bischofs einholen, während z. B. der Verkauf einer dem Orden gehörenden Institution, etwa eines Krankenhauses, der Unterschrift des Papstes auf dem Dokument bedarf.

**Kulturkampf:** Seit 1870 verstärkte Bestrebungen des Staates zur Trennung von Staat und Kirche. Religiöse Kräfte, überwiegend katholische, kämpften *für* den Einfluss der Kirche auf Staat und Politik. Das Ringen zwischen nicht parteigebundenem Liberalismus und Katholizismus ging bis zum Abbruch diplomatischer Beziehungen zwischen dem Deutschen Reich und dem Vatikan zwischen 1872 und 1878.

*Neubau Südseite: Im Vordergrund der ehemalige Forellenteich, der „Bessunger Woog".*

# Wer darf das Krankenhaus bauen?

1927 gab es in Darmstadt bei 90.000 Einwohnern und 111 niedergelassenen Ärzten vier Krankenhäuser mit insgesamt 800 Betten: das Stadtkrankenhaus (heute Klinikum Darmstadt GmbH), das neutrale Alice-Hospital vom Roten Kreuz, das evangelische Elisabethenstift (Diakonie) und das von den Franziskanern, einer 1862 gegründeten Brüdergemeinschaft mit sozial-karitativem Engagement, geführte Herz-Jesu-Hospital für Männer in der Hermannstraße; die drei letztgenannten waren Belegkrankenhäuser. Zwar waren nur 17 Prozent (rund 15.500 Einwohner) der Darmstädter katholisch, aber es gab den Wunsch, auch ein katholisches allgemeines Krankenhaus zu besitzen.

Die Realisierung wurde den in Darmstadt seit 70 Jahren tätigen und hoch angesehenen Bühler Schwestern vorgeschlagen, die alsbald mit der Suche nach einem geeigneten Kaufobjekt begannen.[4] Das beunruhigte die Franziskaner-Brüder, die eine erhebliche Einbuße für ihr Männerkrankenhaus befürchteten. So reiste der Vorsteher 1928 nach Bühl und bat die Oberin sich zu verpflichten, in das geplante Haus nur Frauen und Kinder aufzunehmen.

Nach Rücksprache mit Dekan Kastell von St. Ludwig, Kaplan Fink von St. Elisabeth, Pfarrer Daus von St. Martin (seit 1930 Liebfrauen) und Pfarrer Danz, St. Fidelis, lehnte das Ordenspriorat der Bühler Schwestern das Ersuchen ab. Man versprach aber *„dem Bruder Vorsteher, soviel als möglich die männlichen Kranken zum Besuch des Herz-Jesu-Krankenhauses aufmuntern zu wollen, ohne das Recht zu verlieren, in besonderen Fällen auch männliche Kranke aufnehmen zu können.“*

---

4  Der Ablauf der Verhandlungen wurde dem Schriftverkehr zwischen dem Bischöflichen Ordinariat in Mainz, dem Ordenssuperiorat der Bühler Schwestern und dem Caritas-Vorsitzenden von Darmstadt entnommen. Die Akten sind im Dom- und Diözesanarchiv in Mainz unter Generalia Abt. 34-35, Nr. 24a-d abgelegt.

Seit 1922 hatten alle deutschen Bistümer einen eigenen Caritasverband, der sich natürlich solidarisch – *pro domo* – zu den Interessen der eigenen Diözese verhielt. Und so musste die Haltung der Bühler Schwestern, die aus einem anderen Bistum, sogar aus einem anderen Land (Frankreich) kamen, den Unwillen des Darmstädter Caritasvereins erregen.

**November 1928:** Generalversammlung des Darmstädter Caritasvereins. Anwesend waren auch sieben Bühler Schwestern mit ihrer Oberin Mutter Phileta. *„Es entstand eine lebhafte Debatte über die Krankenhausfrage, die zum Teil sehr erregt wurde, weil die Schwestern auf die Brüder keine Rücksicht nehmen wollten. Einstimmig – nur Herr Dekan Kastell ausgenommen – war man dafür, dass die Schwestern nur ein Frauenkrankenhaus errichten dürften. Den Brüdern dürfe keine schädigende Konkurrenz geschaffen werden."* Die Generalversammlung wählte eine Kommission für die Krankenhausfrage, mit dem Notar Geissner als Vorsitzenden.

**Dezember 1928:** Unterredung zwischen der Oberin der Bühler Schwestern und dem Vorsitzenden des Krankenhaus-Kommitees. Inhalt: Bühl solle sich entscheiden, ob es das Krankenhaus errichten wolle. Die Entscheidung solle *„alsbald nach der Rückkehr von Mutter Provinzialoberin nach Bühl fallen"*.

**16. Februar 1929:** Schreiben des Vorsitzenden an die Bühler Oberin. Er sei bis heute ohne Antwort geblieben und fordere eine Entscheidung bis zum 25. Februar. *„Wenn bis dahin noch keine Nachricht aus Bühl eingetroffen ist, muss ich unterstellen, dass Bühl kein Interesse mehr an der Errichtung des Krankenhauses hier in Darmstadt hat. Ich habe den Ehrwürdigen Schwestern wiederholt erklärt, dass ich persönlich sehr unangenehm davon berührt bin, wenn ich Verhandlungen mit anderen Ordensgesellschaften führen muss, weil ich jetzt noch sehr daran hänge, den Bühler Schwestern das Haus zu überlassen. ........ Dass ich einer ganzen Reihe von Persönlichkeiten hier, die sich für die Heranholung eines anderen Ordens eifrig einsetzen, Wasser auf die Mühlen gebe, wenn ich auf jede Frage antworten muss, Bühl habe noch keinen Bescheid gegeben, werden die Schwestern wohl einsehen müssen. Ich glaube, dass auch die Vorbereitungen für eine anderweitige Verpflichtung schon so weit gediehen sind, dass es* *nur einer Feststellung bedarf, dass Bühl nicht geantwortet hat, um den Stein ins Rollen zu bringen."*

**Februar 1929:** Provinzoberin Mutter Gaudentia, ihre Assistentin Sr. Godina und der Geistl. Rat Schmieder besichtigen das zum Verkauf stehende Anwesen in der Dieburgerstraße 241 und finden es für ihr Vorhaben geeignet. Der Geistl. Rat Schmieder erklärt dem Kommissionsvorsitzenden Geissner, dass die Bühler Schwestern der Krankenhaus-Sache nähertreten wollen und noch im März hierüber bestimmte Mitteilungen machen würden.

**März 1929:** Die Bühler Schwestern besichtigen erneut das Anwesen, diesmal auch zusammen mit einem Vertreter einer Holländischen Bank, die bereit ist, Bühl ein günstiges Darlehen für den Hauskauf zu gewähren.

**25. März 1929:** Sitzung der Krankenhaus-Kommission. Wieder erklären die Bühler Schwestern ihre Nichtberücksichtigung der Interessen der Franziskaner-Brüder. Die Kommission entscheidet nun, dass die Mainzer Schwestern der Göttlichen Vorsehung das Krankenhaus bauen sollen und teilen dies dem Bischof mit.

**26. März 1929:** Auch die Ehrwürdige Generaloberin aus Oberbronn im Elsass besichtigt das Anwesen in der Dieburgerstraße und erteilt den Bühler Schwestern die Erlaubnis, es kaufen zu dürfen, wenn die Bischöfliche Genehmigung vorliege.

## Der Bischof entscheidet

**27. März 1929:** Schreiben des Bischöflichen Ordinariats Mainz[5] an den Geistl. Rat Schmieder in Bühl: *„Der Hochwürdigste Herr hat von glaubwürdiger Seite erfahren, dass Sie im Begriffe stehen, im Auftrag der Bühler Schwestern ein Haus zu kaufen, um es zu einem allgemeinen Krankenhaus für Männer und Frauen um-*

---

5 Bischof war Dr. Ludwig Maria Hugo (1871-1935), Amtszeit von 1921- 1935.

*Bischof Ludwig Maria Hugo*

*zugestalten. Wenn dies auf Wahrheit beruhen sollte, so würde es gegen das von Ihnen und der Generaloberin der Bühler Schwestern gegebene Versprechen verstossen, dass Sie ohne seine ausdrückliche Zustimmung in seiner Diözese nichts mehr unternehmen und ihn nicht mehr vor vollendete Tatsachen stellen sollten. ........*
*Da nun die Mainzer Schwestern von der Göttlichen Vorsehung versprochen haben, sie würden ein Krankenhaus nur für Frauen und Kinder errichten, ..... hat der Hochwürdigste Herr ersteren die Genehmigung zum Ankauf eines Hauses gegeben und wird deshalb ein Gesuch um Genehmigung zur Errichtung eines Krankenhauses seitens der Bühler Schwestern unter allen Umständen abschlägig bescheiden."*

**13. April 1929:** Die Bühler Schwestern geben nicht auf. Die Oberin reist nach Mainz und bittet die Schwestern in einer persönlichen Unterredung, ihnen den Vortritt zu lassen. Die Mainzer Schwestern verweisen darauf, dass die Darmstädter Krankenhaus-Kommission sie um die Errichtung eines Frauenkrankenhauses gebeten habe, weil die Bühler Schwestern eine derartige Beschränkung ablehnen würden. Dieser Beschränkung hätten sie zugestimmt und ihr Jawort gegeben, das sie nicht zurücknehmen könnten, selbst wenn die Bühler Schwestern jetzt dieser Beschränkung zustimmten.

**15. April 1929:** Zehnseitiges Schreiben des Geistl. Rates Schmieder an das Bischöfliche Ordinariat, darin die Behauptung: *„... dass die Errichtung eines Frauenkrankenhauses uns gegenüber weder als ‚conditio sine qua non‘ von der Krankenhaus-Kommission verlangt noch uns von kompetenter Seite bis zu dieser Stunde auch nur andeutungsweise mitgeteilt worden ist."* Schmieder bittet den Bischof, die Genehmigung zurückzuziehen und den Hergang noch einmal zu untersuchen, weil die Bühler Schwestern *„in erster Linie weibliche Kranke aufnehmen wollten, so dass im Hinblick auf eine ganz geringe Zahl männlicher Kranken eine gefährliche Konkurrenz gegenüber dem Herz-Jesu-Krankenhaus nicht in Betracht gekommen wäre."*

**23. April 1929:** Schreiben des Geistl. Rates Dekan Kastell, Darmstadt, an die Bühler Schwestern: Er mahnt sie, ihre starre Haltung aufzugeben und sich für den Bau eines Frauenkrankenhauses zu entscheiden. Er fürchte, wenn neben den Bühler Schwestern, den Franziskanern und den Englischen Fräulein noch eine weitere Kongregation nach Darmstadt komme, dass es nicht bei einem reinen Krankenhaus-Betrieb durch die Mainzer Schwestern bleibe, sondern von ihnen noch andere Gründungen (Hauskrankenpflege, hauswirtschaftliche Nähkurse, Kindergarten usw.) eingerichtet werden, was sicher zu Zusammenstößen führen würde. Außerdem fürchte er, dass die Bühler Schwestern dann die Finanzierung ihrer Aktivitäten in seiner Pfarrei St. Ludwig einstellen werden, die von der Gemeinde selbst niemals übernommen werden könnten.

**1. Mai 1929:** Schreiben der Bühler Schwestern: *„Hochwürdigster Herr Generalvikar ! Hochgeehrter Herr Prälat ! Wir bestätigen die von Herrn Dr. med. Hans Holzmann[6] aus Darmstadt schon mündlich Ihnen mitgeteilte Erklärung, dass das hiesige Mutterhaus bereit ist, den Wunsch des Hochwürdigsten Bischöflichen Ordinariats in Mainz zu erfüllen und in das von unseren Schwestern geplante Krankenhaus in Darmstadt nur Frauen und Kinder aufzunehmen, wenn der Hochwürdigste Herr Bischof die Oberhirtliche Genehmigung zum Ankauf des von Becker'schen Anwesens in der Dieburgerstraße 241 für die Errichtung eines katholischen Krankenhauses huldvollst erteilt."*

**6. Mai 1929:** Schreiben des Caritasvereins Darmstadt an das Bischöfliche Ordinariat Mainz: *„Wir bitten, den Schwestern der Göttlichen Vorsehung die Genehmigung zu belassen. Die Bühler Congregation wurde nicht ,überrumpelt', sondern sie war von vornherein klar unterrichtet und hat sich das Grab selber gegraben. Sollten sie nun doch erklären, sie wären mit dem Frauenkrankenhaus zufrieden unter ihrer Leitung, so können wir doch auf Grund ihres mehrjährigen Benehmens kein Vertrauen zu ihnen haben, weil wir nicht sicher sind, dass sie nach einigen Jahren doch die Männer in ihr Krankenhaus aufnehmen würden. Die Lösung durch die Mainzer Schwestern ist und bleibt die sicherste und beste."* Die Würfel sind gefallen!

Englische Fräulein: Ein jesuitisch geprägter, katholischer Frauenorden, 1609 von Mary Ward in Flandern gegründet, der sich besonders der Mädchenerziehung und Frauenarbeit widmet, seit 1870 in Darmstadt tätig, > kathol. höhere Mädchenschule (Edith-Stein-Schule), Kindergarten, Haushaltsschule für Frauen.

---

6  Die Rolle des praktischen Arztes Dr. Holzmann ist aus dem Schriftverkehr nicht zu ersehen.

*Neubau Nordseite: Im vorstehenden Gebäudeteil waren die OP-Räume und der Kreißsaal untergebracht.*

# Baubeginn

**8. Mai 1929:** Schreiben der Vorsehungs-Schwestern an das Bischöfliche Ordinariat Mainz. Sie danken dem Bischof für die Genehmigung zum Krankenhausbau und berichten, dass am 7. Mai die Verhandlungen über die Errichtung eines Frauenkrankenhauses zum Abschluss gebracht worden seien. Die Suche nach einem geeigneten Grundstück habe schon im Frühjahr begonnen und jetzt ihr gutes Ende gefunden. Das ‚Haus am Forellenteich‘ mit den beiden Wirtschaftsgebäuden und dem 12.000 qm großen Park sei für 175.000 RM von der Witwe Emmerling erworben worden. Im Preis enthalten sei ein Nachlass von 15.000 RM für die Kosten des Kanalanschlusses an das städtische Netz.

*„Der Erwerb des Emmerling'schen Grundstücks war eine glückliche Wahl. Die Lage des vornehmen Hauses mit seinem großen Park am Fuße der Ludwigshöhe, in direkter Nachbarschaft des Waldes und abseits vom Lärm der Stadt und des Verkehrs, ist derart, wie man sie auch für ein Sanatorium nicht schöner wünschen möchte“,* so der Architekt Melsheimer.

Anfang Juli verließen die bisherigen Bewohner das Haus, und sofort begannen die Handwerker mit der Einrichtung der Klausur im II. Obergeschoss der Villa, damit die ersten Schwestern einziehen konnten. Am 17. Juli bezogen Sr. Arbogasta Gunzelmann als erste Oberin, Sr. Iduberka als Köchin und Sr. Wenzesla als Hauswirtschafterin ihr zukünftiges Heim.

*„Am 20. Juli erfolgte der erste Spatenstich für den rund 50 m langen Anbau, just zum Namenstag der Oberin als glückhaftes Zeichen. Am vierten Arbeitstag waren schon 50 Arbeiter tätig, darunter zwei Werkstudenten, der Neffe des Architekten und ein türkischer Pflegesohn der Schwestern. In der Mitte des Oktobers erschien der bunte Richtstrauß der Maurer am hohen Gesims, 14 Tage später flatterte die Richtfahne der Zimmerleute lustig im milden Herbstwinde. Keine 10 Tage gingen weiter ins Land, da hatten auch schon die Dachdecker im Wesentlichen ihr Werk getan. Gerade vor Beginn des ersten Rauhreifs stand das große Haus unter Dach und Fach, ein Haus mit vier vollen Geschossen nach wenig mehr als drei Monaten*

Regierungsbaumeister a.D. Dr. Ing. Max Melsheimer, geb. am 21.8.1890 in Bernkastel, studierte in Darmstadt Architektur, vermutl. 1912-14, lebte nach dem Kriegsdienst in Wetzlar, war auch dort verheiratet, hatte keine Kinder. Er war auch für die hess. Wohnungsfürsorgegesellschaft tätig, aber nie im Staatsdienst. Das a. D. deshalb, weil er nach Ablegung diverser staatlicher Prüfungen trotzdem keine Stelle im Staatsdienst erhielt. Letzte Adresse 1934 Sandstraße 18. Danach verliert sich die Spur der Eheleute.

*Bauzeit." [7] „Zum guten Glück konnten wir im Laufe der letzten Monate viele billige Möbel und Einrichtungsgegenstände vom Reichsvermögensamt beziehen und durch unseren Schreiner hier im Mutterhause schön instand setzen lassen, so daß die ganze Einrichtung auf verhältnismäßig nicht so hohe Kosten kam. Sehr oft ging ein Lastauto schwer beladen von Mainz nach Darmstadt ab, und die wenigen Schwestern dort gaben sich mit Würdiger Mutter und Mutter Josefa alle Mühe, das Krankenhaus, soweit es zu beziehen war, gut und passend einzurichten. Das war schwere Arbeit." [8]*

## Baubeschreibung[9]

Man betritt das Haus durch den herrschaftlichen Eingangsbereich der ehemaligen Villa und gelangt zur Portierloge. Sie wurde so eingebaut, dass von ihr aus nicht nur alle Ankommenden bemerkt und angemeldet werden können, sondern auch der lange Gang zu dem Neubau übersehen werden kann. Durch eine vornehme Diele gelangt man zum Empfangszimmer. Daneben liegt die würdige Kapelle. Geräumige Arztzimmer und Beratungsräume schließen sich an. Ein neuer Fahrstuhl führt vom Sockelgeschoss des Hauses in alle Stockwerke. Im Sockelgeschoss befindet sich die Hauptküche nebst Vorratsräumen. Ein zweiter Aufzug bringt die Speisen in die Stationsküchen der einzelnen Stockwerke. Im Sockelgeschoss ist auch die Röntgenabteilung mit den neuesten Geräten zur Diagnostik und Therapie untergebracht, daneben Räume für Reizstrom-Behandlung mittels Siemens-Pantostat, Diathermie und Höhensonne.

Im Erdgeschoss des Neubaus befindet sich der Operationstrakt mit Vorbereitungsraum, einem weiteren zum Narkotisieren, einem Waschraum für die Operateure, daneben der septische Operationssaal mit Durchreiche zum Sterilisierraum. Die Räume haben Terrazzoboden, die Wände sind mit silbergrauen

---

7  Zitat aus der Rede der Oberin zur Einweihungsfeier.
8  Aus Notizen einer nicht namentlich bekannten Schwester, archiviert im Kloster Mainz-Finthen.
9  Die Kurzfassung der Baubeschreibung hält sich eng und meist wörtlich an einen Artikel aus dem Darmstädter Tagblatt vom 8.1.1930, an einen ähnlichen in der Beilage zum Hessischen Volksfreund und an die Einweihungsrede des Architekten Melsheimer.

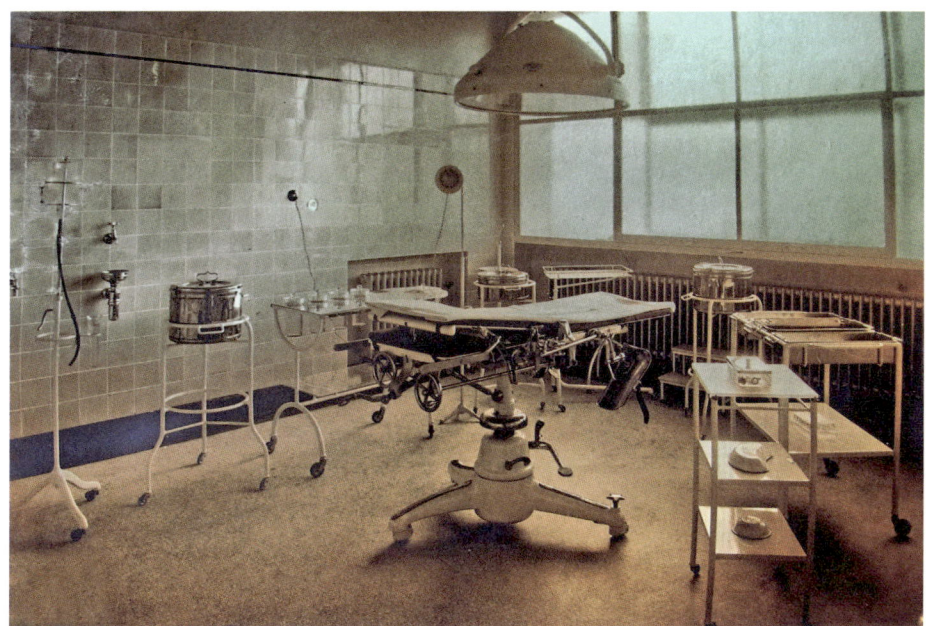

*Krankenhausküche (hergestellt von der Gebrüder Roeder AG, Darmstadt) und Operationsraum mit schattenfreier OP-Lampe und Doppelglasfenstern.*

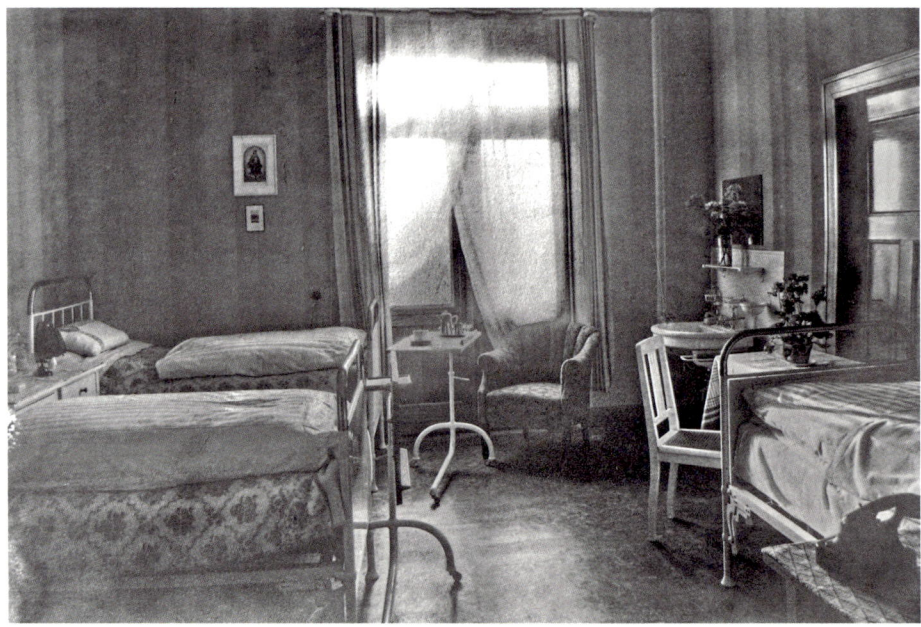

*Einzelzimmer und*
*Dreibettzimmer, 1930*

Kacheln verkleidet und erlauben eine rasche und gründliche Reinigung. Die Belüftung erfolgt durch Doppelschiebefenster mit Differenziallüftung. Zur Beleuchtung des Operationsfeldes dienen Zeiss-Pantophos-Lampen, die ein schatten- und wärmefreies Tageslicht abgeben. Der gleiche OP-Trakt befindet sich darüber im 1. Stock mit dem aseptischen OP, dessen Wände mit grünen Kacheln bedeckt sind. In gleicher Weise ist auch der Kreißsaal mit Geräten und Möbeln neuester Konstruktion ausgestattet.

Die Krankenräume wurden mit besonderer Sorgfalt gestaltet. Auf eine gute Schallisolierung wurde größter Wert gelegt. Die Zimmer mit ihrem reichen Lichteinfall, ihrer hellen, freudigen Farbgebung, der wohnlichen Einrichtung und dem schönen Bilderschmuck, werden den Gedanken an das Krankenhaus erst gar nicht aufkommen lassen. Die Kranken werden nichts vermissen, sie werden sich heimisch fühlen und oft selbst hinausgehoben sein über ihre bisherigen Lebensgewohnheiten. Die Zimmer der 1. und 2. Klasse haben Sprechanschlüsse zum Aufstellen transportabler Telefone. Der Lichtanlage in jedem Zimmer wurde ganz besondere Aufmerksamkeit gewidmet. Sie soll den Kranken die unbedingte Gewissheit geben, dass er jederzeit und schnell das Pflegepersonal erreichen kann. Balkone und Terrassen an fast allen Zimmern bieten den Rekonvaleszenten die Möglichkeit, die natürlichen Heilmittel Luft und Sonne in noch größerem Maße nutzen zu können. Ihnen geben auch die schönen Hallen und Tagesräume, der Aufenthalt auf dem herrlichen Sonnendach und ein Spaziergang durch den wundervollen Park viel Anregung und Abwechslung.

Die Verringerung der Bettenzahl auf höchstens 6 pro Saal bietet die Möglichkeit, gleichgeartete Kranke zusammenzulegen. Insgesamt stehen für die Chirurgie und Innere Medizin 54 Betten, für die Entbindungsabteilung 21 Betten, für die Kinderabteilung 32 Betten und für die Isolierabteilung 3 Betten, zusammen 110 Betten zur Verfügung.

In den schon vorbestehenden Wirtschaftsgebäuden befinden sich die Wäscherei mit anschließendem Mangelraum, die Garage, die Priester- und Hausmeisterwohnung. Die Wärmeversorgung erfolgt durch eine Dampfwarmwasserheizung. Ein Schlackenaufzug befördert Asche und Schlacken mühelos ins Freie.

Die Starkstromanlage ist an das Stadtnetz angeschlossen. Es gibt eine eigene Umformstation. So wurde ein geradezu vorbildliches Krankenhaus geschaffen, welches den modernsten Forderungen der medizinischen Technik und Hygiene gerecht wird.

Über die Baukosten gibt es keine Unterlagen mehr, auch nicht über deren Finanzierung. Aber wenn die Bühler Schwestern für den von ihnen geplanten Bau ein Bankdarlehen aufnehmen wollten, kann man das für die Mainzer Schwestern auch vermuten. Allerdings haben sie auch eigene Mittel eingesetzt. Das geht aus einem Schreiben der Generaloberin an das Hochwürdigste Bischöfliche Ordinariat hervor: *„Gemäß römischer Erlaubnis .... haben wir von der Mitgift der Schwestern von der Genossenschaft zum Bau des St. Marienkrankenhospitals in Darmstadt den Betrag von Mk. 39.000 geliehen. Bis 31. Dezember 1931 haben wir nunmehr den Betrag von Mk. 4.529.- abgetragen, sodass eine Restsumme von Mk. 34.471.- noch als Schuld besteht."* Die Schwestern konnten nach ihrem endgültigen Eintritt in den Orden ihr Eigentum oder einen Teil davon dem Orden übergeben. Dieser durfte die Mitgift üblicherweise erst nach dem Tod der Schwester nutzbringend verwenden.

## Einweihung

Der Mainzer Bischof weihte am 6. Januar 1930 in Gegenwart der gesamten katholischen Geistlichkeit Darmstadts und eines Kreises ausgewählter Damen das Haus und die Kapelle ein. Diese wurde durch Um- und Anbau des ehemaligen Speisesaales gestaltet. *„Sie soll den Kranken Gelegenheit geben, sich zu Gebet und innerer Betrachtung zurückzuziehen. Für die Schwestern ist es die Stelle, an der sie sich die Kraft holen zu ihrem schweren und entsagungsreichen Berufe. Möge das Haus allen, die es besuchen, Heilung bringen und den Schwestern den Dank der Genesenen."* [10] Eine indirekte Beleuchtung verlieh dem Raum eine würdevolle, feierliche Stimmung. Die Kapelle wurde zu Ehren der Allerseligsten Jungfrau Maria errichtet.

---

10  Aus der Rede des Architekten.

„Zum Schluss der kirchlichen Einweihung scharten sich die geladenen Herren um den Hochwürdigsten Herrn Bischof und nahmen mit ihm das festlich bereitete Frühstück ein, bei recht gemütlicher Unterhaltung. Während dessen zeigte in zuvorkommender Weise Herr Blankenberger den gegenwärtigen Damen die einzelnen Räume des Hauses. Sechs Herren blieben mit dem Gnädigen Herrn zu Tisch, und nach dem Mahle, als man für den H. Bischof ein ruhiges Plätzchen hergerichtet hatte, bat er die 17 Schwestern, welche den Festgesang leisten durften, zu sich. Er erzählte ihnen väterlich von seiner Romreise, von der er erst vor kurzem zurückgekehrt war. Er äußerte seine Zufriedenheit über ihren Festgesang bei der Feier indem er sagte: ‚Die kleinen Wachteln haben ihre Sache gut gemacht.‘ "

*Altarnische der Krankenhauskapelle in der Villa*

Am 7. Januar fand die akademische Feier statt, an der, neben dem Oberbürgermeister und Stadträten, mehrere Ministerialräte und der Vorsitzende des ärztlichen Kreisvereins und verschiedene geistliche Herren als Ehrengäste teilnahmen. *„Um die Jahreswende waren die Einladungen dazu herausgegangen. Da gabs denn noch an den Tagen vorher ein emsiges Schrubbern und Putzen, Einrichten und Schmücken, von morgens früh bis spät in die Nacht. Festvorfreude und fröhliches Lachen waren der schweren Arbeit ein guter Begleiter und verscheuchten Müdigkeit und Verdrießlichkeit. Tatkräftige Hilfe von Mainz aus dem Mutterhaus war sehr willkommen und auch notwendig. Eilige Boten waren zwischen Haus und Stadt fast ständig unterwegs, um dies und jenes, oft zwar nur Kleinigkeiten, darum doch wichtige Dinge, beizuholen. In Küche und Keller herrschte emsiges Treiben. Es galt den Vorbereitungen, die vielen Festgäste gut und würdig zu bewirten, wie dies in Klöstern gern geübter Brauch ist seit alters her.“* [11] Pfarrer Daus von der Liebfrauen-Gemeinde betonte beim geselligen Zusammensein, dass man an diesem Tage auch der Stadt Darmstadt gratulieren könne, denn so billig sei sie wohl noch nie zu einem Krankenhaus gekommen.

Nach Fertigstellung des Hauses konnten alle Darmstädter Ärzte ihre eigenen Patienten hier stationär behandeln. Die Behandlungskosten rechnete der Arzt mit dem Patienten oder mit dessen Krankenkasse ab. Das Krankenhaus selbst rechnete die Unterbringung und Versorgung direkt mit den Krankenkassen ab. Zwischen 1930 und 1950 stieg die Inanspruchnahme des Hospitals langsam, aber kontinuierlich an. Eine Statistik aus dieser Zeit ist nicht zu finden, aber in Reden findet man Hinweise: So gab es 1932 ca. 330 Operationen und 54 Geburten, 1937 ca. 660 Operationen und 64 Geburten, 1950 rund 3200 Operationen und 355 Geburten.

*Südseite des Marienhospitals um 1935. Dr. Becker und ein Kollege bei der Händedesinfektion (oben) sowie bei einer Blinddarm-Operation (unten, Becker in beiden Bildern rechts). Man operierte noch mit Krawatte. Unten links das Röntgengerät von 1930.*

11 Aus Aufzeichnungen vermutlich der Oberin.

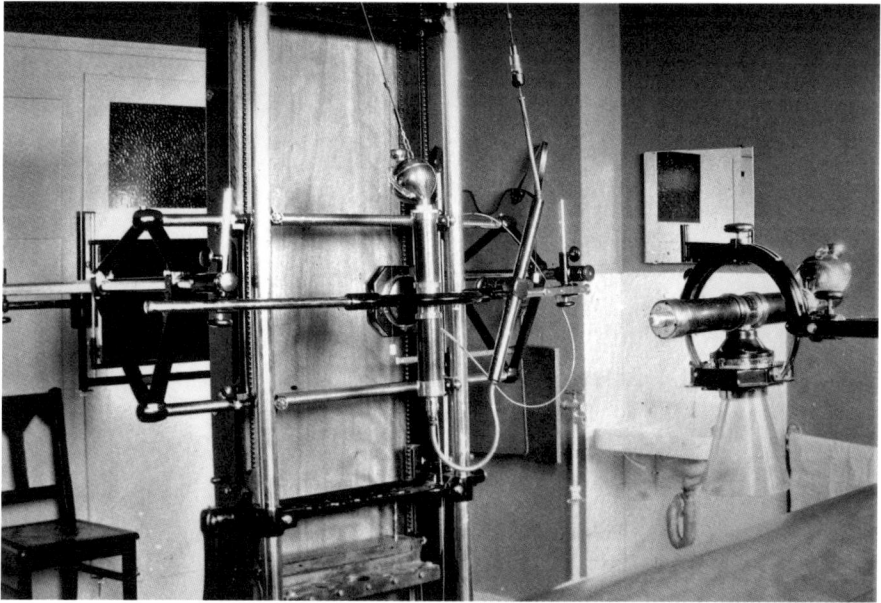
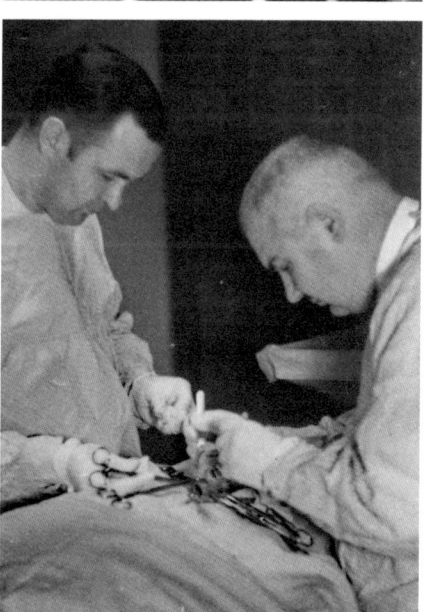

Darmstadt.
Neugrün-
dung.

6. Januar
1930.

175 000

Einweihung und Eröffnung des
St. Marienhospitals in Darmstadt.

Das Haus der sel. der Kirche im Jahr
1930 sollte zu einem Krankenheim unserer Genossenschaft
werden. Das Bedürfnis eines kath. Krankenhauses für
Frauen und Kinder machte sich in Darmstadt immer noch
bemerkbar. Unseren Vorgesetzten wurde von verschiedenen
Seiten nahe gelegt, ein Anwesen, das gerade käuflich
war, zu diesem Zwecke zu erwerben. Nach reiflicher
Überlegung wurde alsdann im Juni 1929 die ehemal.
Villa Emmerling Martinstraße 72 in Darmstadt zum
Preise von Tausend Reichsmark gekauft. Das Anwesen
liegt am Rand des Waldes idyllisch schön und ist vollständig
abgeschlossen von irgend welchem Verkehr, wodurch wohltun-
der Ruhe herrscht. Im Laufe des Sommers wurde der Villa
ein Neubau angegliedert, dessen Räume einschließlich
zwei Operationssäle, neuzeitlich gebaut und von derselben
im November bereit unter Dach zu stehen. Alsdann
richtete man die Zimmer der früheren Villa zu Krankenzimmer ein, sodaß nach deren Fertigstellung schon am
6. Januar mit der Einweihung auch die Eröffnung des
Krankenhauses stattfinden konnte. Dadurch würde es
voraussichtlich 38–40 Kranken aufzunehmen zu können.
Am Eröffnungstage selbst erhielt das St. Marienhospital
eine Frauen als ersten Pflegling.

*Aus den Aufzeichnungen einer nicht bekannten Schwester.*

# Seelsorge im Marienhospital

Die seelsorgerische Betreuung der Schwestern und Patienten wurde vom Bischöflichen Ordinariat zunächst Kaplan Dengler, zuvor in Gau-Algesheim, übertragen, dann folgte als Hausgeistlicher Kaplan Kugler. Er bat das Bischöfliche Ordinariat um die Erlaubnis *„zur feierlichen Aussetzung des Sanctissimums in der Hauskapelle, so dass bei besonderen Anlässen der Gottesdienst durch sakramentalen Segen und feierliche Aussetzung verschönt werde".*

Bei der Aussetzung des Allerheiligsten legt der Priester die geweihte Hostie in eine Monstranz (Zeigegefäß, lat. monstrare = zeigen) und stellt diese auf den Altar zur Anschauung und Verehrung durch die Gläubigen. Die Aussetzung war für Kapellen an die ausdrückliche Zustimmung des Bischofs gebunden und durfte nur zu von ihm benannten Gelegenheiten zelebriert werden. Später bat der Kaplan *„um die Erlaubnis, am Gründonnerstag in der Kapelle des Marien-Hospitals ein Hochamt zu singen. In den vergangenen Jahren war die Erlaubnis jedesmal erteilt worden, da der Besuch des Hochamtes in der Pfarrkirche Liebfrauen nur etwa der Hälfte der 24 Schwestern möglich ist."* Die Erlaubnis wurde erteilt.

**1938** mussten die Franziskaner-Brüder auf Druck der Nationalsozialisten das Herz-Jesu-Krankenhaus für Männer in der Herrmannstraße schließen. Die Stadt kaufte das Anwesen und errichtete darin die erste städtische Frauenklinik. Ab 1949 zog die Akademie für Tonkunst in das Gebäude ein. Darmstadts Katholiken wünschten aber einen Ersatz für das geschlossene Männerkrankenhaus, so wurde im Marienhospital eine Männerstation eingerichtet, die von Franziskanern versorgt wurde. Für Frauen und Kinder waren 34 Ordensschwestern und zwei freie Schwestern zuständig. Auch in Verwaltung, Küche und Operationssaal waren Ordensschwestern tätig.

Am 22. August 1938 starb Dr. Becker. Er hatte sich mit einem infizierten Operationsbesteck verletzt. Damals gab es noch keine Antibiotika, so konnte rasend schnell eine Sepsis (Blutvergiftung) entstehen, die in kürzester Zeit zum Tod des Patienten führte. In seiner fast neunjährigen Dienstzeit in Darmstadt hatte er

---

Die volkstümlich „Hochamt" genannte *Missa cantata* – gesungenes Amt – ist die Hauptmesse am Sonntag, wobei der Priester Teile der Messe singt und die Gemeinde oder der Chor singend antwortet. In Kapellen (Nicht-Pfarrkirchen) war nur die stille Messe (Missa lecta) erlaubt, in der die Messtexte gelesen werden. Das Hochamt durfte nur mit bischöflicher Zustimmung zelebriert werden. Als Gedächtnistag des letzten Abendmahls und der damit verbundenen Einsetzung der Eucharistie durch Jesus hat der Gründonnerstag einen hohen Rang im Kreis der religiösen Feiertage.

Tieferschüttert melden wir den Heimgang unseres leitenden Arztes, des Herrn

**Dr. med. Felix Becker**

Wir verlieren in ihm einen treuen Freund und wohlmeinenden Berater, seine Patienten einen stets opferbereiten Arzt und Helfer.

In tiefer Trauer:
Die Schwestern des Marienhospitals

Darmstadt, 23. August 1938

*Anzeige im Darmstädter Tagblatt*

*Postkarten um 1935:*
*Im Vordergrund links*
*das Marienhospital.*

sich großes Ansehen und Vertrauen als tüchtiger Chirurg erworben. Besonders hervorgehoben wurde sein liebenswürdiges, vertrauenerweckendes Wesen und seine unübertroffene Opferbereitschaft. Er wurde auf dem Darmstädter Waldfriedhof in Anwesenheit einer großen Trauergemeinde bestattet.

*„Weihevolle Trauerstimmung lag über der Friedhofskapelle, wo der Sarg unter Palmen, Blumen und kostbaren Kränzen im gedämpften Licht zahlreicher Kerzen aufgebahrt war. Die getragenen Klänge des Largo von Händel leiteten die Trauerfeier ein. Die Einsegnung vollzog, unter Assistenz zweier Geistlicher, Kaplan Molz vom Marienhospital, der Hauptwirkungsstätte des Verstorbenen. Er hielt auch die ergreifende Trauerrede und fand trostvolle Gedanken, dass Dr. Becker weiterlebe in dem, was er im Leben getan, und in dem, was er seiner Familie, seinen Patienten und seinen Freunden war. Am Grabe wurden nach den Gebeten des Geistlichen prachtvolle Kränze niedergelegt, u. a. von den Studienfreunden des Verstorbenen, vom Marienhospital und von der Ärztekammer. Dann gaben die Angehörigen und die übrigen Leidtragenden in großer Zahl dem Toten einen letzten Blumengruß ins allzu frühe Grab und fühlten: Wir haben einen edlen Menschen begraben, uns aber war er noch mehr.“* [12]

H 1938 – Der zweite Leitende Arzt – Dr. Hugo Hausmann. Nach Krankenhaustätigkeit in Bethel, Stettin, Chemnitz und Dortmund gründete er mit 33 Jahren 1932 in Darmstadt eine chirurgische Praxis mit Belegbetten im Marienhospital.

---

12  Zitiert aus dem Darmstädter Tagblatt vom 25. August 1938.

Marien-Hospital

Reserve=Lazarett II
Marienhospital

*„Lazarett II" war die militärische
Kennzeichnung chirurgischer Abteilungen*

# Im Zweiten Weltkrieg

## Die Muttergottes auf dem Dach

Am 1. September 1939 hatte der Zweite Weltkrieg mit dem deutschen Überfall auf Polen begonnen. Der erste Luftangriff auf Darmstadt erfolgte im Juli 1940. Es wurden Brandbomben über der Stadt abgeworfen, auch am Marienhospital, jedoch ohne Schaden anzurichten. Auch dreizehn weitere, zum Teil schwere Angriffe ließen das Marienhospital unversehrt.

Eine Schwester erzählt: „*Eine kleine, dreimal wunderbare Mutter hatten wir, von allen Schwestern mit Kerzen und Gebet begleitet, oben auf dem Flachdach unter eine Glaskuppel gestellt. Jeden Tag stiegen wir auf einer kleinen Leiter hoch und beteten um ihren mütterlichen Schutz. Unsere Vorgesetzten hatten versprochen, die Muttergottes-Statue solle einen Ehrenplatz im Garten erhalten, wenn wir verschont blieben.*" Über den Verbleib der Marien-Figur vom Dach ist heute nichts mehr bekannt.

Von September 1941 bis Juni 1942 wurde das Marienhospital als chirurgisches Reservelazarett benutzt, geführt von einem Sanitätsoffizier. Ärzte, Schwestern – meist vom Roten Kreuz – und das Sanitätspersonal kamen von der Wehrmacht. Das Gebäude mit Einrichtungen, Hauspersonal und Verpflegung musste die Genossenschaft der Vorsehungsschwestern stellen.

1942 arbeiteten 15 Belegärzte im Hospital. Namen sind nicht überliefert. Inzwischen gab es technisch bessere Geräte, und so kauften die Schwestern ein neues EKG-Gerät und eine neue Röntgeneinrichtung, einen Bucky-Tisch für Aufnahmen im Liegen und Stehen, dazu ein fahrbares Röntgenstativ, eine sog. Bucky-Kugel.[13] In der Küche gab es als Verbesserung einen elektrisch betriebenen Kühlraum.

H Dreimal wunderbare Mutter – Mater Ter Admirabilis – ist ein Ehrentitel für die Gottesmutter Maria, der 1604 von dem Jesuitenpater Jakob Rem geprägt wurde.

H 1943 – Die zweite Oberin – Sr. Rosa Schäfer. Sie trat mit 21 Jahren in den Orden ein und übernahm mit 43 Jahren das Amt der Oberin.

---

13  Gustav Peter Bucky, geb. 3.9.1880 in Leipzig, Physiker und Röntgenologe, entwickelte wichtige Verbesserungen für Röntgengeräte.

# Die Brandnacht

11. September 1944: Bis zu diesem Tag hatte Darmstadt 13 zum Teil schwere Luftangriffe erlitten. Der nächste und schwerste, mit vollständiger Vernichtung der Innenstadt, schweren Zerstörungen angrenzender Stadtteile und rund 12.000 Toten, erfolgte in der Nacht zum 12. September.

**Zitat:**[14] *„In der Angriffsnacht und in den folgenden Tagen wurde auch das Marienhospital beim Böllenfalltor zu einem Sammelplatz der Verletzten. Zwar waren durch den Luftdruck die Fensterscheiben zersplittert, aber nur eine einzige Bombe war hier gefallen – ins Waschhaus, wo sie keinen großen Schaden anrichtete. Schwester Engelburga hatte am Abend des Angriffs Nachtwache. Sie hörte die Luftlage-Warnung: ,Wir begannen, die Patienten in den Keller zu bringen. Sie waren noch nicht unten, da standen schon die Leuchtschirme am Himmel, die Darmstadt als Angriffsziel markierten. Bei Kerzenschein machte die Hebamme in der Angriffsnacht im Keller noch zwei Entbindungen.'*

*Schwester Elfriede: ,Bis die Patienten wieder aus dem Keller waren, lagen in ihren Betten schon die Verletzten des Angriffs. Wir haben die Bettücher mit Salatöl getränkt, um die Schmerzen der Brandverletzten zu lindern. Aber die meisten von ihnen waren am nächsten Tag tot. Eine große Anzahl Menschen kam mit Augenverletzungen durch den beißenden Rauch, die wir dann mit Borwasser ausgewaschen haben.' Schwester Anstrudis: ,Licht und Wasser waren unterbrochen; wir arbeiteten bei Notlicht, das von Batterien gespeist wurde.'*

*Schwester Constantia: ,Wer von den Patienten gehen konnte, lief, zum Teil in Schlafanzug und Schlappen, fort, um in der Stadt nach seiner Familie zu sehen.*

*In den nächsten Tagen wurde von Kommandos in die Ausweichkrankenhäuser im Odenwald gebracht, wer nur irgend transportabel war. Darunter, ohne daß wir*

---

14  Schwestern des Marienhospitals berichten. In: Klaus Schmidt: Die Brandnacht, Reha-Verlag GmbH Darmstadt 1964, S. 96/97.

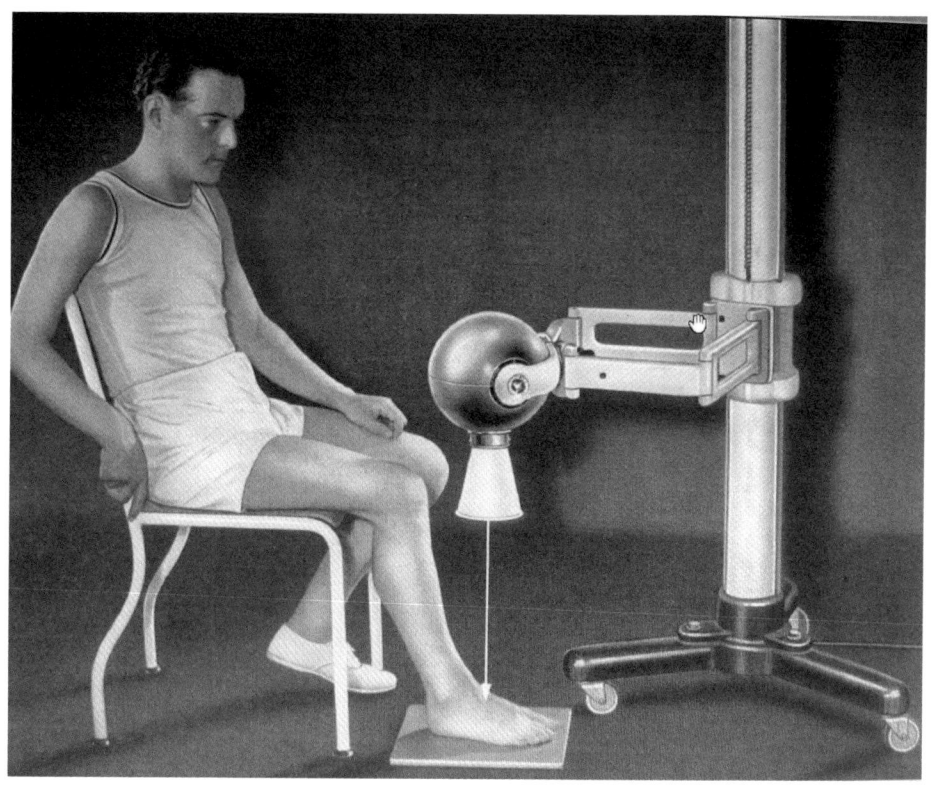

es gleich erfuhren, auch Pflegefälle aus dem Marienhospital; alte Leute, die uns anvertraut waren, und deren Angehörige uns später bittere Vorwürfe machten, obwohl es zu spät war, bis wir davon wußten. Auf rüttelnden Pferdefuhrwerken wurden die Patienten in den Odenwald gefahren.'

Schwester Agnes: ,Soldaten von der Front, die auf Urlaub gekommen waren, kamen zu uns, um nach ihrer Familie zu forschen. Sie suchten, wie viele andere mit ihnen, in der Totenkammer und im Keller, wo durch die Brandverletzten und Sterbenden die Luft fast unerträglich geworden war. Niemals werde ich die zwei Kinder von vielleicht neun und zehn Jahren vergessen, die bei uns im Keller und in der Totenkammer nach ihrem Papa suchten. »Sonst sind wir schon überall gewesen«, sagten sie, »und wir würden ihn sicher wiedererkennen.«'

*Röntgen-Kugel (nach Bucky)*
*der Firma Siemens*

Am Morgen nach dem Angriff kam aus Eberstadt ein Wagen mit Suppe und belegten Broten ins Marienhospital. Auch Wasser wurde gebracht. Schwester Agnes: ‚Tagelang waren wir nicht im Bett. Die Beine waren so geschwollen, dass wir nicht mehr in die Schuhe kamen, sondern Hausschuhe trugen. Bewundernswert, was die jetzige Frau Dr. D. (Nachtrag: Dr. Dörnberger) geleistet hat. Stunden um Stunden war sie auf den Beinen und hat unentwegt operiert. Nach dem Angriff, bei den Detonationen des brennenden Munitionszuges, schrieen viele Patienten vor Angst und klammerten sich an die Schwestern. Pater Bernhard versuchte, sie zu beruhigen. Er saß bei den Angriffen mit den beiden französischen Famuli außerhalb des Hauses in einem Grabenbunker, um Hilfe bringen zu können, wenn die Keller des Hauses verschüttet würden.

Die beiden Franzosen mussten am nächsten Tag Schwester Elfriede beim Wegbringen der Toten helfen. Sie hielten sich die Nase zu und wollten nicht mit angreifen, mussten aber schließlich doch. Am Alten Friedhof wurde abgelehnt, die Toten dort zu begraben, es warteten schon zu viele auf eine Beerdigung. Also zog Schwester Elfriede mit ihrem Wagen weiter. Schließlich nahmen ihr die Schwestern in der Teichhausstraße die Toten ab. [ Es waren die Bühler Schwestern. Ihre weitgehend zerstörten, karitativen Einrichtungen lagen in dem Areal zwischen Teichhaus-, Nieder-Ramstädter- und Soderstraße.] Von da aus kamen sie später auf den Waldfriedhof. Oft saßen sie da, als ob sie sich ausruhten. Aber sie waren tot. Lungenriß [ Druckwirkung der Luftminen ]. Andere waren an großen Flächen des Körpers verbrannt. Ein Fetzchen Stoff ließ die Verwandten daran erkennen, wer das einmal gewesen war.‘ “ (**Ende des Buchzitats.**)

Schwester Flavia, die spätere Oberin, erinnert sich: „Unser Marienhospital, zu Beginn des Angriffs durch grüne Leuchtkugeln markiert, hatte wohl einige Schäden erlitten: Fensterscheiben gingen zu Bruch, aber niemand wurde verletzt, obwohl das Haus unter den Detonationen der ungezählten Sprengbomben heftig dröhnte und erschüttert wurde. Ärzte und Schwestern kauerten mit ihren Patienten am Boden, die betend und jammernd in Todesangst verharrten. Rund um das Haus fielen unzählige Brandbomben in den Garten, ohne einen großen Schaden anzurichten. .... Ein Flüchtlingsstrom setzte aus der verwüsteten und brennenden Stadt hierher ein. Es boten sich Bilder des Grauens und des Schreckens. Die Zu-

*wanderung hielt die ganze Nacht an. Ärzte und Schwestern boten alles auf, was in ihren Kräften stand. Operationssäle, Nebenräume, Gänge, überall lagen verwundete, stöhnende, schreiende Menschen auf Betten, Liegen oder auf Decken auf dem Boden. Ein übler Geruch von verbranntem Fleisch erfüllte das ganze Haus.*

*Es war unmöglich, alle Brandwunden zu versorgen. Alles Öl von der Küche wurde dafür verwendet. ... Manche Menschen waren so verletzt oder verbrannt, dass man sie nicht mehr erkennen konnte. Der Tod erlöste manche von ihren schrecklichen Qualen. Den Brandgeruch konnte man noch ein halbes Jahr im Haus wahrnehmen, da die Verbrennungen sehr langsam heilten und nicht genügend Hilfsmittel und Medikamente aufzubringen waren. Alles was an Lebensmitteln, Brot, Kartoffeln im Hause war, wurde neben Wasser, Tee und Kaffee verteilt, bis sämtliche Vorräte erschöpft waren. Aus einigen Odenwaldgemeinden wurden uns Suppen und Brot gebracht. Wasserleitungen funktionierten lange nicht, so musste Wasser von einer im Wald gelegenen Quelle mit Eimern geholt werden oder es wurde in Tankwagen angefahren."*

*Neubau für Schwestern und Mitarbeiter, 1967*

# Nachkriegszeit

Mit der bedingungslosen Kapitulation der Wehrmacht am 8. Mai 1945 ging der Zweite Weltkrieg zu Ende. Das Amtliche Mitteilungsblatt für den Stadt- und Landkreis Darmstadt meldete unter dem 23. Juni 1945: „Im Marienhospital halten folgende Ärzte ambulante Sprechstunden: Dr. Walter, HNO; Dr. Hoffmann, Dr. Jung, Frauenkrankheiten; Dr. Hausmann, Dr. Nebel, Chirurgie."

## Der Diamant der Baronin

Im Dezember 1945 starb nach langem Krankenhausaufenthalt im Marienhospital Freyde-Gertrudis von Kunowski, Mutter von Daisy Maria Baronin von Kunowski[15], an den Folgen eines Schenkelhalsbruches. Daisy hatte bei der Mutter im Krankenhauszimmer gelebt und schenkte den Schwestern zum Dank einen Diamanten, der in die Monstranz der Krankenhauskapelle eingearbeitet wurde. Die Geschichte wird bis heute erzählt. Daisy war katholisch und stand den Ordensschwestern und dem Krankenhaus sehr nahe. Sie war zweite Vorsitzende des Katholischen Deutschen Frauenbundes, Zweigverein Darmstadt, der den Bau eines katholischen Frauen- und Kinderkrankenhauses dringend gewünscht hatte. Die Adelsfamilie war wohlhabend, auch erkennbar an dem aufwändigen Grabmal auf dem Bessunger Friedhof.

*Daisy Maria von Kunowski (1892-1971)*

## Die Hausgeistlichen

1945 wurde Dr. Alfred Schüler (48) Hausgeistlicher am Marienhospital. Er blieb es bis zu seinem Tod am 22. 8. 1980. Er leitete die täglichen Gottesdienste und stand Patienten und Schwestern seelsorgerisch zur Seite. Besondere Freude machten ihm Taufen. Schüler war Dozent am Pädagogischen Institut in Jugenheim, ab 1948 als Professor. Er gehörte zu den Männern der ersten Stunde in

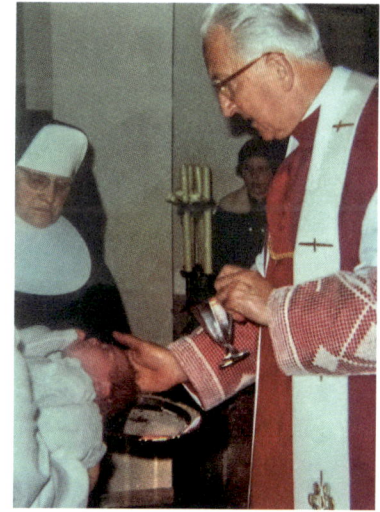

*Krankenhausseelsorger Prof. Dr. A. Schüler (1897-1980) und Sr. Adelheide, 1966*

---

15  Siehe Stadtlexikon Darmstadt.

*Krankenhausseelsorger Prof. Dr. W. Bulst (1913-1995)*

der Darmstädter Ökumene. Sein Grab befindet sich auf dem Bessunger Friedhof, neben dem Sammelgrab der Vorsehungsschwestern. Schüler wohnte im ehemaligen Kutscherhaus neben dem Hospital. 1956 kaufte er den gerade auf den Markt gekommenen Kleinstwagen „Goggomobil" mit rund 13 PS und fuhr damit täglich nach Jugenheim.

Prof. Dr. Werner Bulst übernahm 1980 das Amt des Hausseelsorgers und wohnte, in der Fürsorge der Schwestern geborgen, ebenfalls im Marienhospital. Seine Zwillingsschwester gehörte zum Orden der Schwestern von der Göttlichen Vorsehung. Bulst, 1913 in Berlin geboren, war Jesuit, Professor für Neutestamentliche Exegese (Auslegung und Interpretation des biblischen Textes) und Fundamentaltheologie, nebenbei Studentenseelsorger an der TH Darmstadt und Leiter des katholischen Bildungszentrums. Der vielseitig interessierte Wissenschaftler war ein international anerkannter Forscher am Turiner Grabtuch, das traditionell als das Grabtuch Jesu gilt. Er starb am 20. Dezember 1995 und wurde auf dem Südfriedhof in Frankfurt begraben.

Seine Mitbrüder in der Gesellschaft Jesu würdigten in einem Nachruf seine hohen theologischen Qualitäten, schilderten aber auch Kurioses: Als die Stadt Darmstadt einen Verkehrstunnel bauen ließ, fand er beim Studium der Pläne heraus, dass die zu bauende Straße zur Hälfte in dem Parkhaus eines großen Kaufhauses mündete. Er machte diese Fehlplanung publik, der Plan wurde geändert, die Stadt bat um Stillschweigen. Nebenbei konstruierte er eine besondere Skibindung. Als er sie zum Patent anmelden wollte, war ihm ein anderer zuvorgekommen.

## Vom Dienstmädchen zur Schwester – Erinnerungen an 1950 von Zensi Griesheimer

Zensi (Kreszensia) Griesheimer, heute 83 Jahre alt, erinnert sich im Gespräch mit dem Autor: *„1950 war ich 16½ Jahre alt, als ich aus dem Mittelfränkischen ans Marienhospital kam. Meine Tante war Ordensschwester und hatte mir die Stelle verschafft. Ich wurde als Hausmädchen angenommen, musste putzen, Geschirr spülen, den Patienten das Essen bringen und die körperlichen Bedürfnisse* *entsorgen. Spülmaschinen gab es nicht; man musste alles in Becken entleeren und von Hand säubern. Mein Lohn betrug 50 DM bei freier Unterkunft und Verpflegung. Arbeitskleidung bekam man nicht, man trug, was man selber hatte. Einmal musste ich mir einen Wintermantel kaufen, 150 DM kostete er, drei Monatslöhne. Da fing ich schon im Frühjahr mit dem Sparen an.*

*Die Arbeit begann morgens um 6 Uhr und endete um 20.30 Uhr. Zwischendurch konnte man eine Stunde auf sein Zimmer unter dem Dach gehen, das man mit vier anderen Mädchen teilte. Eigentlich war es kein richtiges Zimmer, mehr ein Bretterverschlag, wie in einem Keller. Aber damals dachte man sich wenig dabei, es war fünf Jahre nach dem Krieg, und wir waren froh, Arbeit, Unterkunft und Essen zu haben. Unter der Dachschräge am Gangende befand sich ein Waschraum mit zwei Becken. Über einem waren die blanken Ziegel.*

*Wenn wir mal in die Stadt wollten, schlichen wir auf einem Pfädchen an der ,Burg' [ siehe weiter unten > ,Haus Kräheneck' ] vorbei, in der noch die Amerikaner wohnten, und weiter durch die Wiesen zum Steinbergweg an die Straßenbahn-Haltestelle. Meist lief man in die Stadt, das war billiger. Damals bestand der heutige Lossenweg noch aus ungepflegten Wiesen. Dass man mal weg ging, war eher selten, so selten, wie man Freizeit hatte – jeden zweiten Sonntagnachmittag nach dem Essen und Spülen. Und wenn man sah, dass die Diensthabende viel zu tun hatte, blieb man da und half.*

*Als ich zwanzig war, schickte man mich in das ordenseigene St. Hildegardis-Krankenhaus in Mainz zur Schwesternausbildung. Lehrmittelfreiheit gab es nicht. Einmal brauchte ich 100 DM für Bücher, das waren zwei Monatslöhne. Ich bat meine Eltern darum. Es war das erste und einzige Mal, dass ich von ihnen Geld bekam. Es waren einfache Bauersleute, die gerade so ihr Auskommen hatten. Als examinierte Schwester verdiente ich 120 DM. Ich musste jetzt nicht mehr putzen und spülen, fing dafür aber schon freiwillig um 5½ Uhr an, weil die Patienten bis zum Frühgottesdienst um sieben gewaschen sein mussten.[16]*

*Schwester Zensi (Creszensia) Griesheimer*

---

16   „Wer gern seinen Pflichten nachkommt, empfindet die Erfüllung nicht als bitter." Seneca (1-65 n. Chr.): Epistulae morales ad Lucilium – Briefe über Ethik an seinen Freund Lucilius.

1953 – Die dritte Oberin – wieder Sr. Arbogasta Gunzelmann. Sr. Arbogasta übernahm mit 68 Jahren noch einmal die Führung des Marienhospitals für vier Jahre, weil Sr. Rosa, die bisherige Oberin, die Leitung des St. Josefsheims in Offenbach übernehmen musste.

*Die Schwestern haben nie gedrängt, dass ich dem Orden beitrete. Ich hab's mal stark bedacht, doch dann das Interesse verloren. Aber dem Marienhospital bin ich heute noch sehr verbunden, ich gehe nur dort zum Gottesdienst. Und wenn ich dort bin, fühle ich, als wäre ich nie weggegangen."*

## Rückblick nach 20 Jahren von Hugo Hausmann

1951 blickt Dr. Hausmann auf das zwanzigjährige Bestehen des Krankenhauses zurück: *„Das Marienkrankenhaus wurde gegründet als sog. Belegkrankenhaus, das allen Darmstädter Ärzten die Möglichkeit bot, ihre Patienten stationär zu behandeln und dort zu operieren. Während das Krankenhaus in den ersten Jahren nach der Eröffnung etwas schwach belegt war, kann man nach 1937 feststellen, daß es immer stark, ja überbelegt war. Und heute ist die Bettennot an der Tagesordnung. Diese Entwicklung brachte es mit sich, daß das Haus, das anfangs für alle Ärzte offen stand, diese Lizenz nur noch an Fachärzte, und zwar nur für eine beschränkte Anzahl, vergeben konnte. Auch so ist es eine erstaunliche Leistung*

*Der Teich vor der alten Villa*

der Schwesternschaft, die heute noch in derselben Zahl, sowohl im Büro als auch auf den Stationen und im Operationssaal, geradezu Außerordentliches leisten muß. Das ist nur möglich durch eine gute Zusammenarbeit zwischen Schwestern und Ärzten und beider Bereitschaft, sich im Sinne und zum Segen des Gesamtwerkes einzuordnen in eine lebendige Arbeitsgemeinschaft. Es ist ein Krankenhaus, in dem ein lebendiger und opferbereiter Geist herrscht, eine Zierde der Darmstädter Krankenhäuser, das Ziel einer riesengroßen Zahl von Kranken, der vorgeschobene Posten, der sich so entwickelt hat, daß die Genossenschaft [ der Schwestern ] darauf stolz sein kann.“

### Ein Neubau?

In den frühen fünfziger Jahren dachte der Orden an einen Krankenhaus-Neubau auf dem gegenüberliegenden Areal. Es wurde zwar vom Kleingärtnerverein bewirtschaftet, aber ein städtischer Bebauungsplan wies das Gelände als Bauland aus. Ein hübsches Modell zeigte das für 270 Betten geplante Haus, mehr als doppelt so viele wie im vorhandenen. Nach einiger Zeit verschwanden das Modell und mit ihm die zugehörigen Überlegungen. Der Orden konzentrierte sich auf die Neugestaltung und Finanzierung des 1868 eröffneten Josefsheims in Offenbach, das 1905 zum Krankenhaus mit einer erfolgreichen Geburtenstation wurde.

## Einlösung eines Gelübdes –
## Das Marienbild im Treppenhaus

Nach der Schreckensnacht 1944 hatten die Schwestern gelobt, das zerbrochene „Forellen-Fenster“ [17] im Treppenaufgang der Villa durch ein Marienbild zu ersetzen, wenn die Muttergottes das Haus weiterhin vor Bomben bewahren würde. So geschah es, aber wann das neue Fenster eingebaut wurde und wer der Glaskünstler war, ist nicht mehr bekannt. Nur der Name *Knoblach – Mainz* wurde überliefert. Die Umfrage nach ihm bei Museen, Archiven und Glaskunstwerkstätten in Deutschland, vor allem im Stadtarchiv Mainz, war ergebnislos.

---

17 Der Name beschrieb das Bildmotiv des zerstörten Fensters: Es erinnerte mit Fröschen und Forellen an die Bewohner des früheren Teiches neben dem Haus.

## Das Marienbild – Eine Interpretation
## von Dr. Elisabeth Krimmel

*„Der Bauherr mag im Sinne des Jugendstils von ‚Ex oriente lux' geträumt haben, als er den Architekten beauftragte, eine Mauer der Villa nach Osten hin zu durchbrechen und sie durch ein großes Fenster mit Tier- und Pflanzenmotiven zu schließen. Dieses Fenster wurde 1944 durch den Luftdruck einer Mine zersprengt. Die Schwestern von der Göttlichen Vorsehung verschlossen den Schaden durch einfaches Glas. Gleichzeitig gelobten sie, sollte das Marienhospital vor Bomben bewahrt bleiben, das zerstörte Glasbild, sobald wieder Frieden im Land sei, zu ersetzen. Dieses Gelübde lösten die Schwestern um 1950 ein. Und seither kommt keiner, wenn er das Innere des alten Marienhospitals betritt, an dem transparenten Kunstwerk vorbei. Dem Künstler, der das monumentale Glasgemälde schuf, gelang es, ein mittelalterliches Thema in die Gegenwart der Nachkriegszeit umzusetzen.*

*Zwischen dem strengen Muster aus Bleiruten thront Maria mit ihrem Kind im Zentrum einer riesigen, vom Tageslicht erleuchteten Knospe. Eingehüllt in einen purpurroten, faltenreichen Mantel sitzt sie in der Muschel eines Marmorblocks. Die Farbe des Mantels gemahnt an die Passion Christi. Schützend hält sie ihr Kind auf dem linken Arm und neigt innig ihr Haupt zu dem Kleinen im weißen Hemdchen. Von besonderer Bedeutung sind die neapelgelben, blauvioletten und tiefroten Rosen hinter der Schutzmantelmadonna.*

*Einer alten Legende zufolge hatte die Rose vor dem Sündenfall der Menschen keine Dornen. Da Maria von der Erbsünde bewahrt blieb, wurde sie ‚Rose ohne Dornen' genannt. Daraus entwickelte sich der Bildtypus ‚Rosenmadonna'. Der Rosenstock hinter der Madonna im Marienhospital ist frei von Dornen. Bei wechselnder Helligkeit verliert Maria alle weltliche Schwere. Die weiße Taube als Symbol für den Heiligen Geist und die mit Lilien geschmückte Krone über ihrem Haupt zeigen an, dass die schlichte Frau in der Mitte für gläubige Menschen die jungfräuliche Königin des Himmels ist.*

*Glasfenster im Treppenaufgang
der alten Villa*

61

Um die fromme Geschichte vom Mutterglück begreifbar zu machen, hat der Künstler seine ,Madonna mit Kind' in ein Paradiesgärtlein gefügt, das von blau-grünen Farbsträhnen umspielt wird. Aus dem Rhythmus des gebändigten Farbrausches schälen sich nach oben auf grazilen Stielen zehn Lilienblüten. In allen Kulturen der Menschheit ist die Zehn eine magische Zahl. Nicht nur zählen die Menschen seit jeher mit ihren zehn Fingern und begrenzen somit Anfang und Ende aller Zahlen. Im Judentum wie im Christentum ist die Zehn Sinnbild für unbedingte Ordnung, auch für drohendes Ungemach. So verheißen die zehn Gebote Vollendung. Die zehn biblischen Plagen jedoch erscheinen als Strafe für menschlichen Starrsinn. An diesen Zwiespalt erinnert das in der Nachkriegszeit geschaffene lichte Gemälde. Und ruft mit einem ins Glas geschriebenen ,Ave' – ,Sei gegrüßt!' jeden Vorübergehenden zum Innehalten auf."

## 25 Jahre Marienhospital

Im Januar **1955** feierte das Marienhospital sein 25jähriges Bestehen. Das Darmstädter Echo schrieb dazu: „*Das dieser Tage gefeierte fünfundzwanzigjährige Bestehen des St.-Marien-Hospitals läßt die Erinnerung an Werden, Wachsen und Wirken dieser segensreichen Anstalt lebendig werden. Das Krankenhaus ist heute stark belegt. Es war als Belegkrankenhaus gegründet worden. Das heißt, daß alle Darmstädter Ärzte dort ihre Kranken unterbringen und operieren konnten. Die starke Nachfrage führte dazu, daß man die Belegung nur noch einer begrenzten Zahl von Fachärzten ermöglichen konnte. Das Marienkrankenhaus ist zwar nur ein kleiner Stein im Mosaik der Filialen der Genossenschaft, aber wahrlich nicht der schlechteste. Diesen Eindruck dürfte auch der Fremde mitnehmen, der das am Waldrande vor den Toren Darmstadts zwischen Feldern und Wiesen gelegene und von einem parkartigen Garten eingerahmte Krankenhaus zu Gesicht bekommt. Hinter seinen Mauern waltet ein von opferwilliger Nächstenliebe getragener Geist. Er findet seinen Niederschlag in einer regen, harmonischen, dem Wohle des Kranken dienenden Arbeitsgemeinschaft zwischen Ärzten und Schwestern.*"

# Die „Burg" – Das ‚Haus Kräheneck'

**1957** erwarb der Orden das angrenzende Grundstück mit dem 1892 erbauten ‚Haus Kräheneck', von den Schwestern die „Burg" genannt. Bauherr war Wilhelm (vormals Simon) Schwab (1816-1891), ein großzügiger Mäzen und Förderer verschiedenster Institutionen. Sein Vermögen stammte aus der Beteiligung an dem von seinem Vater errichteten Kaufhaus am Ernst-Ludwig-Platz.

*‚Haus Kräheneck' im Lossenweg 19 – die „Burg" der Schwestern.*

Schwabs Ehe blieb kinderlos. Er starb vor der Fertigstellung seines Hauses. Der Architekt war Leonhard Schäfer, geb. am 6.12. 1856 in Gerolfingen, gest. am 17.10. 1925 in Darmstadt. Schäfer war der wichtigste Vertreter der altdeutschen Fraktion Mannheimer Architekten. 1891 zog er aus gesundheitlichen Gründen nach Darmstadt, um mehr Ruhe zu haben, und wohnte im Seitersweg 11. In Darmstadt baute er neben anderen das Restaurant *Zum Heiligen Kreuzberg*, die heutige Tanzschule Bäulke.

Stilistisch gehört die Gründerzeitvilla ,Kräheneck' zum ausgehenden Historismus. Auffallende Details sind das Kapitell der Säule an der Eingangstreppe, das ringsum in Sandstein gehauene, bärtige, ernste, blumenumkränzte Gesichter trägt, auch der Brunnen an der Südseite, mit einem ähnlichen Kopf. Die holzgeschnitzte Haustür lässt den aufkommenden Jugendstil erkennen. Die Brunnenschale neben dem Haus ruht auf drei friedlich schauenden Sphingen mit Tierköpfen, Flügeln und Büschelschwänzen.

Ab 1904 wurde ,Haus Kräheneck' von dem Kaufmann Wilhelm Heinrich Ludwig Schwab (geb. 30. 8. 1846) bewohnt, einem Neffen von Wilhelm Schwab, (Sohn seines Bruders Theodor, 1812-1871). Die Hausadresse lautete zunächst Nieder-Ramstädter-Straße 181. 1914 wurde die Anschrift in Heinrich-Wingertsweg 2 geändert. (Auf einem Stadtplan von 1911 heißt der Heinrich-Wingertsweg noch Kirchenweg.) Nach 1957 firmierte ,Haus Kräheneck' unter Lossenweg 19. W. H. L. starb am 19. 4. 1919. Sein Schwiegersohn Rittmeister Alfred Neuß erwarb das Haus 1920. Bewohner des neuen Stadtviertels auf dem Steinberg – vom Volksmund *Neu-Jerusalem* genannt[18] – kannten es als *Villa Neuß*. Ab 1940 gehörte das Anwesen der Städtischen Sparkasse, die es der Schwesternschaft verkaufte, als 1956 das von der amerikanischen Besatzungsmacht[19] belegte Haus frei wurde.

1957 – Die vierte Oberin – Sr. Humberta Kohl. Sie war mit 19 Jahren in die Ordensgemeinschaft eingetreten. 1957 wurde ihr die Leitung des Marienhospitals übertragen. Das Gruppenfoto (Seite 68) zeigt sie sitzend, als Zweite von rechts, herausgehoben durch das große, glänzende Brustkreuz.

*Die Eingangstür der „Burg", Kapitell der Sandsteinsäule am Hauseingang, Wasserspeier an der Südwand, Sandsteinbrunnen neben dem Gebäude und Metallapplikation mit Türklopfer an der Eingangstür.*

18  Siehe Hanns Kraft: Die Namen der Gemarkung Bessungen, Dissertation Gießen 1930. Die Bezeichnung bezog sich wohl auf dort ansässige jüdische Mitbürger.
19  Amtliches Adressbuch der Stadt Darmstadt, 1952 bis 1957.

*Grabanlagen in Darmstadt
gestorbener Schwestern auf
dem Bessunger Friedhof.*

In das Haus zogen Mitarbeiter ein, auch der Hausgeistliche Pater Bulst wohnte hier, später auch Ordensschwestern. Zur „Burg" gehört auch der kleine, quadratische Tempel mit Holzgebälk auf dem Hügel im Park, von dem man früher, ohne Bäume, auf die ehemaligen Forellenteiche und das anschließende landwirtschaftliche Gelände blicken konnte.

1966 starb Sr. Arbogasta Gunzelmann, die erste und dritte Oberin des Marienhospitals, im Alter von 81 Jahren. Bis zu ihrem Tod hatte sie, liebevoll umsorgt, im Haus gelebt. Auf dem Bessunger Friedhof fand sie, im Kreis ihrer voran gegangenen Mitschwestern, ihre letzte Ruhe. Die meisten Schwestern des Gruppenfotos sind ebenfalls in Darmstadt gestorben und ruhen in den beiden Grabanlagen.

## Einweihung des Schwesternwohnheims

Im November **1967** wurde das siebenstöckige Wohnheim für freie, nicht ordensgebundene Schwestern und Mitarbeiter am Marienhospital nach 14 Monaten Bauzeit bezugsfertig. Die Baukosten von 1,7 Millionen DM wurden finanziert aus Mitteln des Ordens, der Stadt Darmstadt, des Landes und des Bundes. Generaloberin Dr. Piere (Rom) übernahm den Schlüssel aus der Hand des Architekten Hugo Faust aus Mainz und gab ihn an die Oberin Humberta weiter. *„Wir hoffen, dass junge, tüchtige Schwestern in Scharen kommen"*, meinte der Leitende Arzt Dr. Hausmann. Es war die Zeit des großen Schwesternmangels in ganz Deutschland.

Prälat Prof. Alfred Schüler begrüßte die Festgäste und drückte seine Freude aus über die schönen, behaglichen Wohnbereiche. Der Chor der Ordensschwestern begleitete die Feier. Das Haus bot Platz für 60 Schwestern und andere Mitarbeiter, 45 zogen sofort ein. Jedes der Einzelzimmer hatte einen kleinen Flur mit Einbauschrank, Dusche und Toilette. Auf jeder Etage gab es eine Teeküche, Arbeits- und Freizeiträume. Der Fahrstuhl fuhr bis zum sechsten Stock. Die Dachterrasse, von der aus man bis weit in die Pfalz blicken konnte, erreichte man über eine Treppe.

*OP-Schwester Anstrudis wurde mit dem Verdienstorden der Bundesrepublik ausgezeichnet.*

*Die Schwestern des Marienhospitals. Anlass und Zeitpunkt für das Foto sind nicht bekannt. Es entstand spätestens 1969, als Sr. Humberta noch Oberin war. Stehend vlnr: Sr. Edelburga, Sr. Irmgard, Sr. Constantia, Sr. Gertrud, Sr. Totnana, Sr. Elfriede, Sr. Anstrudis, Sr. Richardis, Sr. Barthola, Sr. Benigna, Sr. Alexina, Sr. Engelburga, Sr. Benegardis, Sr. Seraphia, Sr. Engelmunde. Sitzend vlnr: Sr. Theodora, Sr. Lubentia, Sr. Otrada, Sr. Humberta, Sr. Adelhilde.*

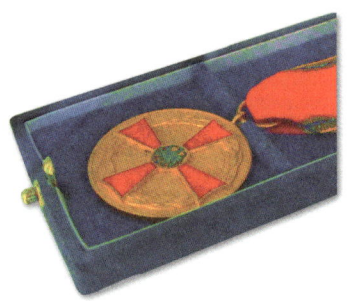

Mittlerweile wurde das Haus umgebaut. Es gibt reguläre Wohnungen, und aus dem früheren Versammlungsraum im Erdgeschoss entstand eine Arztpraxis. 2011-12 wurde auf der großen Dachterrasse ein ansehnlicher Mehrzweckraum in Glasbauweise erstellt.

*Verdienstorden der Bundesrepublik Deutschland im Schaukasten des Marienhospitals.*

# Hohe Auszeichnungen für Ordensschwestern

1968 erhielten die OP-Schwestern Anstrudis Döbert und Domitilla Fluch die Ehrenurkunde für verdiente Bürger der Stadt Darmstadt. Text: *„Die Gemeinde ist in der Demokratie das Werk aller ihrer Bürger. Jede Arbeit für das allgemeine Wohl und jede Leistung zum höheren Nutzen der Stadt ist ehrenvoll."* Einige Jahre danach wurden die beiden Ordensschwestern von Bundespräsident Scheel mit der Verdienstmedaille des Verdienstordens der Bundesrepublik Deutschland ausgezeichnet und damit ihr unermüdlicher, aufopferungsvoller Einsatz für die ständige 24-Stunden-OP-Bereitschaft gewürdigt.

Neben den Pflichten des anstrengenden Dienstes müssen die Schwestern auch die zum Wesen des Ordenslebens gehörenden Gebetszeiten nach Möglichkeit einhalten, die der Konvent, in Übereinstimmung mit der Kirche, vorgibt. Sie sind dem Tagesablauf des Krankenhauses angepasst und beginnen um sieben Uhr mit dem Morgengebet, den Laudes, in der Kapelle. Die Laudes, lat. Lob, bestehen aus Eröffnung, Hymnus, Psalmen, Lesung, Benedictus, Bitten, Vaterunser und Schlussgebet. Danach frühstückt man gemeinsam. Um 12 Uhr versammelt man sich zum Mittagessen. Es folgt die Non, das liturgisch feststehende Mittagsgebet. Um 17.45 Uhr trifft man sich zur Feier der Eucharistie und Vesper, dem Abendgebet der Kirche, mit anschließendem Abendessen. Mit dem Nachtgebet, der Komplet, beendet jede Schwester für sich den Tag.

## Dr. Hausmann gestorben

Am 28. Dezember 1970 starb Dr. Hausmann mit 71 Jahren infolge seiner schweren, koronaren Herzerkrankung. Im Januar 1970 hatte ihn die Stadt mit der Bronzenen Verdienstplakette ausgezeichnet.

**1975** wurde für 75.000 DM das erste Sonographie-Gerät (Ultraschall) gekauft, damals das modernste Gerät, verglichen mit den heutigen ein Monstrum. Dabei war es gar nicht so lange her, als man den Patienten zur Untersuchung noch in eine wassergefüllte Tonne stellte, damit die Schallwellen optimal übertragen wer-

**1970** – Der dritte Leitende Arzt – Dr. Peter Pfuhl. Mit 34 Jahren ließ er sich als Gynäkologe und Geburtshelfer in Darmstadt nieder. Seitdem war er auch Belegarzt im Marienhospital.

**1971** – Die fünfte Oberin – Sr. Adelheid Schäfer. Sie trat mit 22 Jahren in den Orden ein. Mit 59 Jahren wurde sie zur Oberin im Marienhospital berufen.

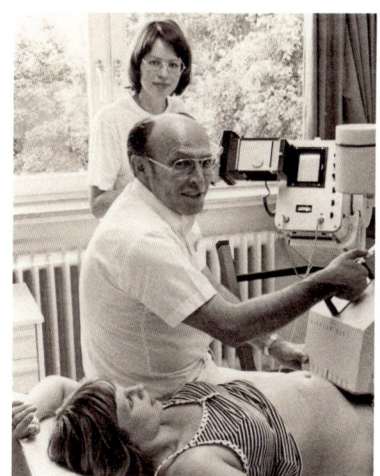

*Dr. Pfuhl untersucht eine Schwangere mit dem neuen Ultraschall-Gerät.*

den. Heute hält man den Schallkopf locker in der Hand, und ein wasserhaltiges Gel ersetzt die Wassertonne. Mit dem Gerät konnte man – ohne Risiko für Kind und Mutter – eine Schwangerschaft nachweisen, Missbildungen erkennen und den Verlauf der Schwangerschaft kontrollieren. Auch für die anderen medizinischen Fächer war es eine wichtige Bereicherung der Diagnostik. Mit dem Vorläufer dieser Technik begann man im 1. Weltkrieg U-Boote aufzuspüren (Sonar).

## Erster Bauantrag zur Modernisierung – abgelehnt

**1977** stellte das Marienhospital erstmals einen Antrag auf Erweiterung und Modernisierung des Krankenhauses, an dem seit seiner Erbauung praktisch keine technischen und baulichen Verbesserungen durchgeführt worden waren. Das Sozialministerium lehnte das Ersuchen mit dem Hinweis auf fehlende Geldmittel ab.

**1980** feierte das Marienhospital in aller Stille sein fünfzigjähriges Bestehen. Die Schwesternschaft wollte keine aufwändigen Veranstaltungen, sondern ließ das Geld ihren Missionsstationen in Korea und Peru zugute kommen. Das Haus hatte jetzt 132 Betten und verfügte über alle klinischen Abteilungen. Mit Beginn des Jubiläumsjahres wurde in der Entbindungsstation das *Rooming-In* eingeführt: Die Wöchnerinnen konnten nun selbst ihr neugeborenes Kind versorgen und ständig bei sich haben.

## Zweiter Bauantrag zur Modernisierung – abgelehnt

**1984** stellte die Krankenhausleitung erneut einen Antrag beim Sozialministerium auf eine grundsätzliche Modernisierung des Hauses, das ‚in die Jahre' gekommen war. Geplant wurden drei Bauabschnitte, verteilt auf 4-5 Jahre. Die Kosten schätzte man auf 28 Millionen DM. Die eingereichten Pläne sahen nicht nur eine Modernisierung und Sanierung auf allen Stationen vor, sondern auch

einen angegliederten Neubautrakt, ohne Ausweitung der Bettenkapazität. Neue OP-Säle und Zweibettzimmer mit Nasszellen standen auf der Wunschliste der Ärzte und Schwestern. Gleichzeitig erging eine Bitte an den Magistrat der Stadt Darmstadt um einen angemessenen Investitionszuschuss für die kommenden Jahre. Der Bauantrag wurde erneut abgelehnt.

Das Ministerium erläuterte, dass der ihm zur Verfügung stehende Krankenhausetat bei 170 Millionen DM liege, bei hessenweiten Anforderungen von 927 Millionen DM. Das Marienhospital stehe nicht auf der Prioritätenliste des Landes. In Darmstadt munkelte man, der hessische Krankenhausbedarfsplan garantiere nicht mehr den Weiterbestand des Hauses. Etwa 100 ehemalige Patienten schlossen sich zu einer Bürgerinitiative zusammen. In einem Brief an alle Landtagsabgeordneten forderten sie den Erhalt und die Modernisierung „ihres" Krankenhauses. Der Leitende Arzt Dr. Pfuhl unterstützte mit ausführlichen Antragsbegründungen und Gesprächen in Wiesbaden die dringenden Forderungen der Gruppe.

*Adventskränzchen (vor 1988).*
*Vlnr: Sr. Irmgard, Verwaltung;*
*Sr. Thoma, OP-Bereich;*
*Sr. Engelburga, Entbindungsstation;*
*Sr. Flavia, Oberin;*
*Sr. Liberata, damals Referentin*
*für Kindertagesstätten;*
*Sr. Seraphine, Station „Villa";*
*Sr. Elfriede, Station 2;*
*Sr. Seraphia, Röntgenabteilung.*

## Schließung des Krankenhauses droht

**1986** führte das Bauaufsichtsamt der Stadt eine Begehung mit Brandschutz-Schau durch. Es wurde festgestellt, dass im Hospital die wichtigsten Sicherheitseinrichtungen, die von Gesetzes wegen erforderlich sind, nicht vorhanden oder nur als Provisorium anzusehen waren. Bemängelt wurden die Brandmelde-anlage, die Sicherheitsbeleuchtung, ungesicherte Treppenräume, ungenügende Rauchabzüge in den Treppenräumen, eine fehlende Trennung der Pflegebereiche in mehrere Brandabschnitte und unzureichende Feuerwehr-Angriffswege.

**1987** erfolgte eine Begehung durch das Staatliche Medizinaluntersuchungs-amt, Abteilung Seuchen- und Umwelthygiene. Im Abschlussbericht wurde ausgeführt, dass das Marienhospital ein altes Krankenhaus sei, dessen sämtliche Einrichtungen den heutigen Anforderungen nicht mehr entsprächen. *„Die baulichen Unzulänglichkeiten, verbunden mit außerordentlichem Platzmangel, erschweren die Bemühungen der Mitarbeiter, die Mängel durch besonderen Einsatz und Sorgfalt auszugleichen, oder machen sie zum Teil unmöglich."*

Fazit: Die Situation erfordere schnellstmögliche Lösungen, die den Erfordernissen der Krankenhaushygiene-Richtlinien Rechnung tragen. Auch die baulichen Zustände dürften nicht länger hingenommen werden. Es drohe die Schließung des Krankenhauses.

## Dritter Bauantrag – Bürger werden aktiv

**1987:** Die ‚Patienteninitiative Marienhospital' intensivierte ihre Aktivitäten zum Erhalt des Krankenhauses. Die Sprecherin der Bürgergruppe, Maria Reinhardt, regte an, 10.000 Unterschriften zu sammeln und der Regierung zu überreichen. Sie, Erika Eichenauer und ihre Mitstreiter sammelten in kurzer Zeit sogar 12.000 Unterschriften und übergaben sie Staatssekretärin Otti Geschka, einer examinierten Kinderkrankenschwester. Geschka lebt in Darmstadt, kennt das Hospital und seine Sorgen und unterstützte die Bürgerinitiative.

Aufgeschreckt von den Aktivitäten der Darmstädter Bürger besuchte Staatssekretär Weiß vom Sozialministerium das Marienhospital und sah plötzlich Handlungsnotwendigkeit. Erneut wurde eine Bauvoranfrage im Sozialministerium eingereicht. Aber außer dem Leitenden Arzt Dr. Pfuhl glaubte kaum noch jemand an die Modernisierung und Sanierung des Marienhospitals. Es gab hausinterne Überlegungen, aus dem Hospital ein Alters- und Pflegeheim zu machen.

### „Silberstreif am Horizont"
So titelte im Dezember **1988** das Darmstädter Echo seine Meldung, dass das Land Hessen das Marienhospital doch im Bettenbedarfsplan führen werde, eine Voraussetzung für jegliche Zuwendung öffentlicher Mittel. Auf Einladung von Staatssekretär Gerald Weiß hatte eine Besprechung zwischen dem Krankenhausträger, der ärztlichen Leitung und Vertretern der Patienteninitiative stattgefunden. Weiß hatte zugesichert, dass sich der Hessische Sozialminister für eine Mittelzuweisung von 20 Millionen DM bis spätestens 1990 einsetzen werde. Dies war offensichtlich ein Erfolg des politischen Drucks der Patienteninitiative mit ihren 12.000 Wählerstimmen.

1988 – Die siebte Oberin – Sr. Liberata Ricker. Mit 46 Jahren übernahm Sr. Liberata von Sr. Flavia ihr neues Amt als Oberin des Marienhospitals. Sie wurde Vorgesetzte von 110 Mitarbeiterinnen und Mitarbeitern. Provinzialoberin Sr. Kunigunde und der Leitende Arzt Dr. Pfuhl hießen die neue Leiterin willkommen und dankten der bisherigen für die gute Zusammenarbeit.

*Oberin Sr. Liberata (links), Leitender Arzt Dr. Pfuhl und Provinzialoberin
Sr. Kunigunde, 1990 beim ersten Spatenstich für das neue Funktionsgebäude.*

# Die Neubauten

## Der Funktionstrakt

**1989** bewilligte die Landesregierung 20 Millionen DM für den ersten Bauabschnitt, vorausgesetzt, der Orden als Krankenhausträger leiste eine angemessene Eigenbeteiligung. Im März 1990 erteilte die Stadt Darmstadt die Genehmigung für den ersten Bauabschnitt, den Funktionstrakt. Der Bau soll auf dem Areal des ehemaligen Besucherparkplatzes entstehen. Am 6. März 1990 erfolgte der erste Spatenstich, den der Leitende Arzt Dr. Pfuhl, Oberin Sr. Liberata und die Provinzialoberin Sr. Kunigunde vornahmen.

Am 10. Juli **1990** wurde die Grundsteinlegung für den Funktionsbau in Gegenwart zahlreicher Ehrengäste, darunter die Generaloberin und die Provinzialoberin des Ordens, bei strömendem Regen gefeiert. In der Baugrube hatten die Arbeiter ein provisorisches Zeltdach errichtet, die Schuhe wurden trotzdem feucht und schlammig. Staatssekretärin Otti Geschka meinte: *„Nehmen wir den Regen als Segen.“* So getröstet verfolgten die Gäste geduldig das Ansprachenprogramm. In der Urkunde zur Grundsteinlegung heißt es: *„Mögen Alle, die in diesem Hause tätig sind, ihren Dienst am Menschen im christlichen Geist des Helfens und Heilens erfüllen.“* Domkapitular Günter Emig als Vertreter von Bischof Lehmann überbrachte dessen Gruß und Segen. Außer der Urkunde wurden eine Tageszeitung, Briefmarken und beide deutschen Währungen mit eingemauert. Eine Bläsergruppe intonierte dazu „Lobet den Herren“.

In dem fünfstöckigen Neubau sollten die Patientenaufnahme und Verwaltung, Operations- und Entbindungssäle, Röntgen- und Funktionsdiagnostik und der Bereitschaftsdienst untergebracht werden. Der Mainzer Architekt Hugo Faust (1929–2015) zeichnete für den Bau verantwortlich. Er war mit seinem Büro ausschließlich auf Krankenhausbauten spezialisiert. Bei der Planung musste er vor allem auf die denkmalgeschützten Gebäude, die Jugendstilvilla und die Wirtschaftsgebäude, Rücksicht nehmen.

*Grundsteinlegung für den Funktionsbau im Juli 1990*

Kurz zuvor, im Oktober 1989, wurde bereits der zweite Bauabschnitt mit 8 Millionen DM Fördergeldern bewilligt, mit denen die Bettentrakte und das Schwesternwohnheim modernisiert werden sollten. Die Vizepräsidentin des Hessischen Landtags, Ruth Wagner, unterstrich die Bereitschaft des Landes Hessen, neben den staatlichen und kommunalen Krankenhäusern auch die freien Träger von Kliniken bei ihren Vorhaben finanziell zu unterstützen, wie dies auch hier geschehe.

Am 8. Mai **1990** ging Dr. Pfuhl mit 69 Jahren in den Ruhestand. Aus der Hand des Bischofs von Mainz, Karl Lehmann, erhielt er die „Martinus-Medaille", die höchste Auszeichnung, die das Bistum Mainz zu vergeben hat. Oberbürgermeister Günther Metzger verlieh ihm die Bronzene Verdienstmedaille der Stadt Darmstadt, und Provinzoberin Kunigunde verlas einen Segensgruß des Papstes. 2001 erhielt Dr. Pfuhl auch den Bundesverdienstorden.

# Dr. Pfuhl blickt zurück

In seiner Abschiedsrede führte er aus: *„Die Fortschritte der Medizin und Medizintechnik in den Jahren nach dem Krieg waren sehr eindrucksvoll. Als ich anfing, standen uns zur Narkose nur Äther und Chloroform zur Verfügung, aber wir konnten am Marienhospital schon frühzeitig moderne Anästhesie-Verfahren etablieren. Es gelang mir damals, ärztliche Mitarbeiter von Prof. Frey, dem Leiter der Anästhesieabteilung des Universitätsklinikums Mainz, nach Darmstadt zu holen. Sie kamen ins Marienhospital und machten uns operativ tätigen Ärzte mit der neuen Intubationsnarkose vertraut.*

*Ein Meilenstein war die Einführung des Penicillins ab 1950. Damit hatten wir endlich etwas in der Hand gegen Infektionen und gegen das verheerende Kindbettfieber, an dem damals noch Frauen nach Entbindungen starben. Es war furchtbar, wenn wir hilflos dabeistehen mussten und sahen, wie wenige Tage nach der Geburt hohes Fieber einsetzte und wir nichts tun konnten. Das war sehr bedrückend. Mit den neuen Antibiotika verlor auch die bis dahin gefürchtete Wundinfektion beim Kaiserschnitt ihren Schrecken. Aber die natürliche Geburt ist meiner Ansicht nach immer noch die beste Methode.“*

*Bischof Karl Lehmann überreicht Dr. Pfuhl die Martinus-Medaille.*

Im Mai **1992** schwebte der Richtbaum über dem Neubau des Funktionstraktes, und Weihbischof Rolly aus Mainz weihte das neue „Herz" des Marienhospitals ein, das er *„ein Signal in der Geschichte des Marienhospitals"* nannte. Dekan Karl Albert zitierte Jesaja (28,16): *„Siehe, ich lege in Zion einen Grundstein, einen bewährten Stein, einen kostbaren Eckstein, der fest gegründet ist."* Vertreter des Magistrats, der Städtischen Kliniken und der Krankenkassen fanden lobende Worte für das Haus, das ohne Unterbrechung des laufenden Betriebes in 21 Monaten erstellt worden war.

Oberin Liberata dankte den Bauarbeitern, die viele Überstunden gemacht hatten, um den Zeitplan einzuhalten: *„Das war nicht immer einfach, denn Operationen und das Wohl der Patienten bedingten oft, dass die Presslufthämmer schweigen mussten."* Der Leitende Arzt Dr. Strack dankte speziell den Nachbarn, die

Wolfgang Rolly, geb. am 25. 11. 1927 in Darmstadt-Bessungen, besuchte die Bessunger Knabenschule, an der sein Vater Lehrer war. Rolly war der erste in Darmstadt geborene katholische Bischof. Er starb am 25. 3. 2008 in Mainz.

77

*Dr. Hans Helmut Strack und sein drei Jahre älterer Bruder, der Schauspieler Günter Strack.*

durch Baulärm und Bauverkehr viele Unannehmlichkeiten ertragen mussten, aber nur wenig klagten, weil schließlich doch etwas Gutes für Patienten entstehe. Die Baukosten betrugen 22,5 Millionen DM. Erhebliche Summen brachten auch die Schwestern von der Göttlichen Vorsehung auf.

### Der neue Bettentrakt

Im Dezember **1993** wurden die Baugenehmigungen für den zweiten und dritten Bauabschnitt erteilt. Die Arbeiten des zweiten Bauabschnitts, neuer Bettentrakt, neue Küche, Modernisierung des Belüftungs- und Energieversorgungssystems, konnten beginnen. Am 14. September 1994 wurde der Richtkranz feierlich am rohbaufertigen, neuen Bettenhaus hochgezogen, begleitet von einer Bläsergruppe der Edith-Stein-Schule. Architekt Faust erinnerte an die Aktivitäten der Patienteninitiative, deren Einsatz den Grund für die heutige Feier erst möglich gemacht habe. Das neue Haus bot Raum für 72 Betten und beseitigte die bisherige Enge in den Altbauten. Insgesamt blieb es für das Hospital bei 127 Betten, von denen 33 Betten für die Chirurgie, 20 Betten für die Innere Medizin, 70 Betten für Gynäkologie und Geburtshilfe und 4 Betten für die Kinderheilkunde zur Verfügung standen. Am 10. Juli 1995 war der neue Bettentrakt fertiggestellt und die Patienten konnten umziehen.

## Schließung der Kinderabteilung?

Im März **1994** gab es erregte Diskussionen im Marienhospital und in der Bevölkerung über einen Beschluss der Darmstädter Krankenhauskonferenz. Die Versammlung hatte einstimmig beschlossen, dass die Kinderabteilung geschlossen und ihre 4 Betten der Chirurgie zugeordnet werden. Damit hätten alle Neugeborenen mit vorübergehenden, leichteren Anpassungsschwierigkeiten mit einem Spezialtransport in eine Kinderklinik verlegt werden müssen. Zitat aus einem Leserbrief im Darmstädter Echo vom 4.10. 95: „.... *Hat schon einmal jemand betroffene Väter gefragt? Väter, deren Frau im Krankenhaus A und das Kind im Krankenhaus B liegen; Väter, die zwischen Arbeit, Haushalt und zwei Kliniken hin und herfahren, quasi als Milch- und Emotionstransporter?"* Der Leserbrief lag zwei Wochen im Hospital aus und erhielt zahlreiche Unterschriften.

1992 gehörten zehn Belegärzte, Fachärzte der Chirurgie, der Inneren Medizin und Gynäkologie und mindestens 20 Ordensschwestern zum aktuellen medizinischen Personal.

Der Krankenhauskonferenz gehören Vertreter der 22 Krankenhausträger unseres Gebietes an, die rund 4.000 Betten verwalten. Erfahrungsaustausch, enge Kooperation und Leistungsvergleiche untereinander sollen die Leistungsfähigkeit der verschiedenen Krankenhäuser verbessern und Entscheidungsgrundlagen für die Krankenhausbedarfsplanung der Regierung liefern.

*Priv.-Doz. Dr. Volker Hessemer*

Man konnte aber die hessische Gesundheitsministerin davon überzeugen, dass die Verlegung kränkelnder Neugeborener nicht nur menschlich-psychologische, sondern auch wirtschaftliche Nachteile hat: Der Transport mit einem Spezialfahrzeug unter ärztlicher Begleitung ist teuer und bei leichteren Gesundheitsproblemen unangemessen, weil die technische Einrichtung der Neugeborenenstation im Marienhospital auf aktuellem Stand war. Die Argumentation überzeugte das Ministerium, und es blieb bei der bisherigen Regelung.

**1996** gründete Oberin Sr. Liberata den *Freundeskreis der Schwestern von der Göttlichen Vorsehung*. Es gibt bis heute ein lebhaftes Vereinsleben. Der Freundeskreis unterstützt die Schwestern finanziell bei speziellen Projekten. So stiftete er einen sog. *Ambu Man*, eine Reanimationspuppe in Lebensgröße, mit Armen und Beinen, voll bekleidet, wie man auch einen Notfall vorfindet. An ihm können alle für den Ernstfall am Menschen notwendigen Maßnahmen geübt werden, wie Beatmung, Intubation, Defibrillation und Infusionen in den Arm. Auch Herzrhythmusstörungen lassen sich simulieren. Das Hightech-Gerät kostete rund 5.000 Euro. Pflegekräfte und Ärzte werden regelmäßig daran geschult.

## Die Priv.-Doz. Dr. Hessemer Augenmedizin

**1996** eröffnete Priv.-Doz. Dr. Volker Hessemer in der Jugendstil-Villa einen Augen-OP, um die ambulante Operation des Grauen Stars zu etablieren. 2002 wurde zusätzlich eine Augen-Praxisklinik gegründet. 2006 wurde die Praxisklinik umstrukturiert in ein Medizinisches Versorgungszentrum mit dem Ziel einer Erweiterung der operativen und konservativen Möglichkeiten durch ein Facharzteteam. An der seit 2018 unter dem Namen *Priv.-Doz. Dr. Hessemer Augenmedizin Darmstadt* firmierenden Einrichtung sind sechs Augenärzte – davon vier Operateure -, eine Ärztin für Allgemeinmedizin und eine Anästhesistin tätig. Pro Jahr werden ca. 7.000 Augenoperationen durchgeführt: Operationen des Grauen Stars, operative Medikamenteneingaben ins Auge bei Makuladegeneration, ästhetische Lidoperationen und Laserbehandlungen der Netzhaut und des vorderen Augenabschnitts. Ca.15.000 Patienten pro Jahr werden in zahlreichen Sprechstunden fachärztlich betreut.

*Dr. Hessemer bei einer Operation des Grauen Stars*

## Innensanierung der alten Villa

Am 10. November 1997 nahm die neue Krankenhausküche den Betrieb auf. Im April **1998** traf die Baugenehmigung für den vierten Bauabschnitt, die Sanierung und Modernisierung des noch bestehenden alten Bettentraktes ein. Das Land Hessen bewilligte 10 Millionen DM. Im Oktober 1998 begannen die Arbeiten, im Mai 2000 waren sie beendet. Dazu gehörte auch das in der alten Villa eingerichtete „Café am Forellenteich". An den Decken der beiden Räume hatte der Denkmalpfleger schöne Stuckarbeiten der alten Goebel'schen Villa freigelegt. Die herrschaftliche Holztreppe mit dem massiven, geschwungenen Handlauf, die von der Diele in den ersten Stock führt, wurde aufgearbeitet. Auch die Kapelle wurde renoviert und mit neuen Stühlen ausgestattet. Nun plante das Hospital den Ausbau der alten, im Landhausstil gebauten kleinen Häuser für die ehemalige Dienerschaft, um Praxen für niedergelassene Ärzte zu schaffen. Damit sollten ambulante und stationäre Behandlung besser aufeinander abgestimmt werden.

*Stuckelement an einer Zimmerdecke im Erdgeschoss der alten Villa und Blick in die neu gestaltete Altarnische der Hauskapelle.*

## 150 Jahre Schwestern von der Göttlichen Vorsehung

Im September **2001** wurde das 150jährige Bestehen des Ordens der Kongregation der Schwestern von der Göttlichen Vorsehung gefeiert. Ehrengast war Kardinal Lehmann. Unter den Gästen sah man auch die Ur-Urgroßnichte der ersten Ordensoberin Mutter Maria. Am Abend zelebrierte Lehmann aus Anlass des Jubiläums ein Pontifikalamt im Mainzer Dom.

In der Festbroschüre wurden Ordensprinzipien geschildert, die dem allgemeinen Streben nach Geld, Karriere und Selbstverwirklichung gegenüberstehen: die Beziehung auf den Anderen, Solidarität, Gemeinschaft, soziale Gerechtigkeit und Mitleid. In der Vorsehung Gottes sei nicht alles beschlossen und geregelt. Der heilige Augustinus habe gesagt, dass die Welt ihr Ziel nur erreiche, wenn der Mensch als Geschöpf daran mitwirke. Die Schwestern verwirklichen das z. B. mit Umweltprojekten in armen Ländern.

Beim Pontifikalamt, einer feierlichen Messe, trägt ein Bischof besondere Kleidung und Schmuck, insbesondere Mitra und Krummstab.

Ein Jubiläumsgeschenk kam vom Lions Club Castrum Darmstadt, ein Hörtestgerät für Neugeborene. Die Untersuchung ist harmlos, das Kindchen merkt davon nichts; ein wichtiger Test, weil ein bis drei Neugeborene von 1000 eine mittelgradige bis stärkere Hörstörung haben. Ein Kind, das schlecht hören kann, lernt auch schlecht sprechen.

## Die Gebärwanne

Die Geburtenabteilung wurde mit Darmstadts erster Gebärwanne ausgestattet. Werdende Mütter können darin ihre Kinder schmerzarm und schonend zur Welt bringen. Der Einbau erforderte Investitionen von insgesamt 50.000 Euro. Die Unterwassergeburt hat medizinische Vorteile. Das bis 38° C warme Wasser wirkt entspannend und beruhigend, die Muskeln lockern sich, die Wehentätigkeit wird erleichtert. Das Kind wird im Wasser geboren. Es besitzt einen Atemschutzreflex, der unter Wasser die Luft anhalten lässt.

**2003:** Nach 32 Jahren als Gynäkologe und Geburtshelfer für mehr als 8.000 Kinder im Marienhospital ging Dr. Werner Schneider in den Ruhestand.

*Die Gebärwanne*

# Erinnerungen des Gynäkologen und Geburtshelfers Werner Schneider

*„Am 5. 4. 1971 habe ich meine Tätigkeit im Marienhospital begonnen, rund 40 Jahre nach seiner Gründung. Eingeführt wurde ich vom Senior der Gynäkologen, Dr. Viktor Metz. Das Marienhospital ist ein katholisches Krankenhaus, meine Konfession spielte jedoch bei der Unterzeichnung des Belegarztvertrages keine Rolle. Aber man achtete darauf, dass ich bestimmte Gepflogenheiten einhielt. Ein Beispiel: Ich hatte Patienten auf der geburtshilflichen Station, die am Vortage entbunden worden waren. Es ging ihnen gut, ich hatte keine Veranlassung, auch am Sonntag Visite zu machen. Am Montag wurde ich von der leitenden Ordensschwester darauf hingewiesen, dass es meine Pflicht sei, Patientinnen auch am Sonntag zu besuchen.*

*Eine große Überraschung zu Beginn meiner Tätigkeit war, dass die geburtshilfliche Abteilung bereits ein sehr gutes Ultraschallgerät besaß. Die Großklinik, aus der ich kam, mit immerhin 1200 Geburten im Jahr, hatte das Gerät noch nicht. Als sehr angenehm habe ich in Erinnerung, dass sich die im Haus tätigen Gynäkologen regelmäßig trafen und gegenseitig konsultierten. Dies geschah auch sehr häufig sonntags, man hatte dann mehr Zeit für Gespräche, es entfiel der Druck, möglichst rasch wieder in die Praxis zu kommen.*

*Bemerkenswert war für mich, dass damals keine Väter zu den Geburten zugelassen waren, es dauerte Jahre, bis dies zur Selbstverständlichkeit wurde. Ebenso restriktiv wurde mit den durch Kaiserschnitt geholten Kindern umgegangen. Obwohl jahrelange Erfahrungen mit operativ entbundenen Neugeborenen aus anderen Kliniken vorlagen, wurden im Marienhospital diese Kinder erst mal von Säuglingsschwestern versorgt. Dazu gehörte, dass diese Kinder zunächst nicht gestillt wurden, was natürlich dann zu großen Schwierigkeiten beim späteren Stillen führte und zum Teil auch ganz unterblieb.*

*All dies hat sich später normalisiert, das Rooming-In wurde eingeführt, so dass die Neugeborenen dann auch Tag und Nacht bei der Mutter bleiben konnten, und gesunde Geschwister durften ihre Mutter und ihr neues Geschwisterchen besuchen. Durch diese Lockerung kamen auch vermehrt Schwangere ins Haus. Das Marienhospital hatte – nach Wiesbadens Städtischer Klinik – die zweithöchste Geburtenzahl in Südhessen. Ich habe mit mehr als 8000 Geburten in 40 Jahren dazu beigetragen.*

*Veränderungen gab es nicht nur im geburtshilflichen Bereich, sondern auch bei der klassischen Gynäkologie. Erfolgten früher die großen operativen Eingriffe durch Bauchschnitt, so setzte sich die endoskopische Operationsweise zunehmend durch. Verbesserte Nahttechniken führten zu einem Rückgang nachoperativer Komplikationen und zu einer rascheren Heilung mit weniger Schmerzen. Hervorgehoben werden muss, dass es im Marienhospital eine 24-stündige OP-Bereitschaft gab. Diese wurde bis weit in die achtziger Jahre ausschließlich von den Ordensschwestern geleistet. Die Ärzte konnten zu jeder Zeit uneingeschränkt Notfalloperationen durchführen. Die beiden Leitenden OP-Schwestern wurden für ihren aufopferungsvollen Einsatz mit dem Bundesverdienstkreuz ausgezeichnet.*

*Routineeingriffe wurden natürlich geplant. So hatte ich meinen normalen OP-Tag immer freitags. Das führte zwangsläufig dazu, dass ich jeden Samstag und Sonntag zweimal nach den am Vortag operierten Patientinnen schaute, wenn es notwendig war auch nachts, so dass ‚wirklich freie‘ Wochenenden selten waren. Die Engpässe in den Operationsräumen waren nach Fertigstellung des neuen Funktionsbaus beseitigt. Mit der Inbetriebnahme des neuen Bettenhauses 1995 wurde die Unterbringung der Patienten erheblich verbessert und die Arbeitsbedingungen für Schwestern und Ärzte wesentlich erleichtert. 2002 beendete ich mit Wehmut meine Tätigkeit, nachdem ich einen kompetenten Nachfolger gefunden hatte."*

Im Februar **2002** gab es ein Abschiedsfest für den scheidenden Dr. Strack, der mit 70 Jahren in den Ruhestand ging. Er hatte 35 Jahre als Chirurg am Marienhospital gewirkt, die letzten 11 Jahre als Ärztlicher Leiter. Er übergab den Staffelstab an den Internisten Dr. Kauder, seinen Wunschkandidaten für das Amt. Stadtkämmerer Gerd Grünewald würdigte Stracks Verdienste um das Marienhospital, Oberin Liberata überreichte ihm die Goldmedaille des Ordens und Dekan Moche verlas ein Grußwort von Kardinal Lehmann. Strack und die Belegärzte Dr. Jürgen Hein und Dr. Werner Schneider erhielten für ihre jahrzehntelange vertrauensvolle, von sozialem Verständnis getragene Arbeit die ‚Silberne Ehrennadel‘ des Caritasverbandes.

# Ein chirurgischer Lebenslauf – Hans Strack

*„Nach bestandenem Abitur und Zulassung zum Medizinstudium an der Universität Frankfurt habe ich 1952 im Marienhospital meinen Krankenpflegedienst abgeleistet. Nach einer gewissen Einarbeitungszeit musste ich die Männerstation mit ihren 30 Betten, insbesondere an den Sonntagen, zur Freude der Schwestern, pflegerisch alleine versorgen. Nach dem Physikum habe ich u.a. auch im Marienhospital famuliert. Nach bestandenem Staatsexamen hatte ich mit dem Leitenden Arzt Dr. Hausmann abgesprochen, dass ich als Medizinalassistent dort arbeiten konnte. Er schlug vor, ich solle mich deswegen nochmals bei den Schwestern vorstellen, die mich ja schon gut kannten. Das tat ich dann auch. Die liebe Schwester Caritas meinte jedoch, sie bräuchten keine Assistenten. Ich habe dann doch ab dem 1.10.1958 den vorgeschriebenen allgemeinchirurgischen Teil der Medizinalassistentenzeit dort absolviert.*

*Die Pflichtzeit für Gynäkologie verbrachte ich in der städtischen Frauenklinik bei Prof. Vöge, anschließend die Innere bei Prof. Ratschow. Am 01.10.1960 begann ich meine Facharztausbildung für Chirurgie im Marienhospital und wechselte später an ein Unfallkrankenhaus im Saarland. 1965 erlangte ich die Facharztanerkennung als Chirurg. 1966 ließ ich mich in Praxisgemeinschaft mit Dr. Hausmann nieder und erhielt Belegbetten im Marienhospital. Die damalige Oberin Sr. Humberta war mir sehr zugetan und kaufte das teure, komplette Instrumentarium für die Küntscher-Nagelung, einschließlich eines Bildwandlers. Damit habe ich dann als erster in Darmstadt diesen Eingriff durchgeführt. Ein Jahr darauf wurde in der städtischen Chirurgie dieselbe Operation – nun unter Beteiligung des Fernsehens – vorgeführt.*

*Als es im Marienhospital kriselte und die Schwestern erwogen, das Marienhospital in ein Altersheim umzuwandeln, absolvierte ich, um ein zweites Standbein zu haben, eine zusätzliche Weiterbildung in Phlebologie und erlernte bei Prof. Hach in der Harvey-Klink Bad Nauheim die spezifischen Operationstechniken, die zur Anerkennung der Zusatzbezeichnung ‚Phlebologie' gefordert waren. Die Bundesärztekammer hatte die Zusatzbezeichnung zunächst abgelehnt, Jahre später dann doch genehmigt. Ich habe das aber nicht weiter betrieben.*

Bei der Verabschiedung von
Dr. Hans Helmut Strack
(vlnr): Gerd Grünewald,
(Krankenhausdezernent),
Dr. Wolfgang Kauder (der
neue Leitende Arzt), Dr.
Stefan Riemenschneider (halb
verdeckt), Marianne Strack,
Dr. Strack, Sr. Liberata Ricker
(Krankenhausleiterin).

Mehr interessierte mich die plastische Chirurgie. In einer Spezialklinik in Bogen-
hausen bei München ließ ich mich weiterbilden und nahm an zusätzlichen Work-
shops im dortigen Krankenhaus teil. Mit dieser Kenntnis habe ich zahlreiche
Brustvergrößerungen und -verkleinerungen erfolgreich durchgeführt. Die neue
Technik der minimal-invasiven Chirurgie ('Schlüsselloch-Chirurgie') erlernte ich
an der Universitätsklinik in Frankfurt und führte sie 1992 am Marienhospital ein.
Ich begann zunächst mit Eingriffen an der Gallenblase und am Blinddarm und
gehörte zu den ersten Ärzten in Darmstadt, die mit dieser Technik operierten.

1990 wurde ich von den Schwestern zum Leitenden Arzt des Marienhospitals
berufen. 2002 habe ich dieses Amt auf eigenen Wunsch aufgegeben. Mein Nach-

*Dr. Kauder bei einer Ultraschall-Untersuchung*

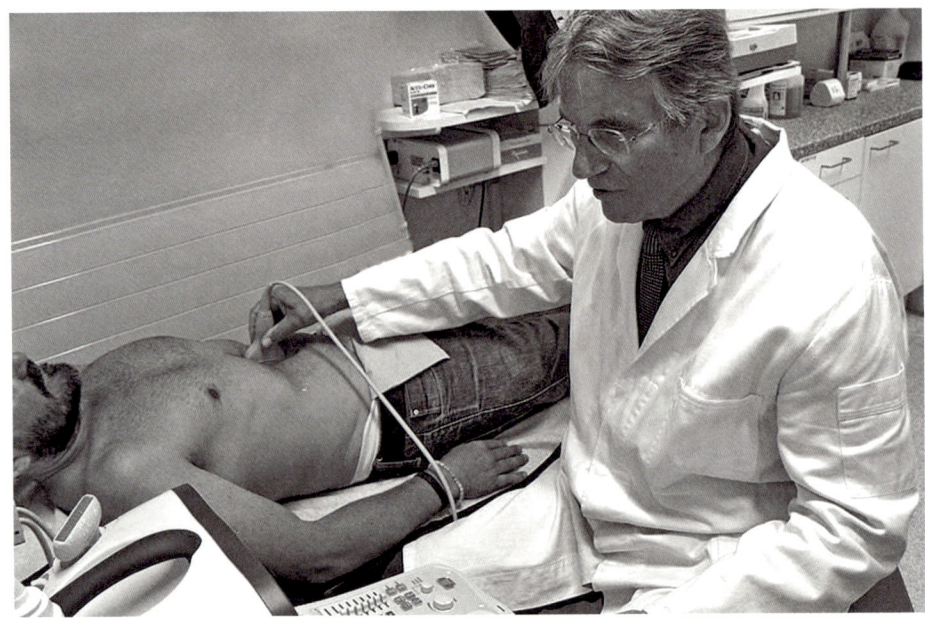

*folger wurde der Internist Dr. Wolfgang Kauder. 1997 habe ich meine Praxis an meinen Sohn Andreas abgegeben. Wir haben aber noch zahlreiche Operationen gemeinsam durchgeführt, u.a. mit der ‚Schlüsselloch-Chirurgie‘ Dickdarmresektionen vorgenommen.“*

Dr. Kauder übernahm kein leichtes Amt: 2003 hatte der Verwaltungsaufwand für alle Krankenhäuser abrupt massiv zugenommen, als das neue Abrechnungssystem DRG (Diagnosis Related Groups) eingeführt werden musste, eine bis heute heftig umstrittene kalkulatorische Revolution. Dabei wird nicht mehr nach Tagespflegesätzen abgerechnet, sondern nach diagnosebezogenen „Fallpauschalen“. Beispiel: Für eine Blinddarm-Operation bekommt das Krankenhaus einen Fixpreis, bei dem der Gewinn rasch aufgezehrt wird, wenn der Patient länger als die vorgegebene Zeit im Krankenhaus bleibt. Dr. Kauder war als Leitender Arzt für die Belegarztseite ganz wesentlich daran beteiligt, dieses Verfahren in zahllosen Schulungen, Sitzungen und Besprechungen einigermaßen verträglich in den Klinikalltag zu integrieren.

## Außenrenovierung der Villa

Im Sommer **2003** wurde die denkmalgeschützte alte Villa von außen originalgetreu renoviert. Denkmalschützer Nikolaus Heiss ließ alten Putz und Farben
untersuchen. So konnte der neue Putz mit der früheren Technik als Rauputz
von Hand aufgetragen werden. Das imposante Vordach am Hauseingang wurde – dank alter Farbfunde – in den ursprünglichen Zustand versetzt. Auch beim
Ausbau des Kutscherhauses und der Remise für neue Arztpraxen konnten Putz,
Fenster und Dach originalgetreu erneuert werden.

*Renovierte Nebenhäuser,
Ostseite*

*Alte Villa mit Teich im Dezember 2017*

## Kardinal Lehmann: *„Es könnte ja ein Mensch sein"*

Im Dezember **2003** hielt Kardinal Lehmann im Marienhospital einen Vortrag zum Thema: „Vom Recht ein Mensch zu sein – Grundentscheidungen über das Menschenbild in der gegenwärtigen Bio-Ethik-Debatte." Sein Credo: Menschliches Leben beginnt mit der Verschmelzung von Ei und Samenzelle. Richtschnur der katholischen Glaubenslehre ist der Schutz des ungeborenen Lebens vom Augenblick der Empfängnis an. Denn wenn die Frage nach dem Beginn des Lebens nicht wissenschaftlich genau beantwortet werden könne, so müsse man im Zweifel nach der Richtlinie handeln: *„Es könnte ja ein Mensch sein."* Der Vortrag wurde aus dem Auditorium in alle Krankenzimmer übertragen und lebhaft diskutiert.

*Renovierte Nebenhäuser,*
*Blick nach Norden*

Am 4. Februar **2004** starb Schwester Richardis Schrod. Am 10. 7. 1912 in Ober-Roden bei Dieburg geboren, trat sie mit 20 Jahren in den Orden ein und legte 1940 das Ewige Gelübde ab. Von 1934 bis 1936 absolvierte sie eine Ausbildung zur Kranken-, Kinder- und Säuglingsschwester. 1936 wurde ihr die Leitung der Neugeborenen-Abteilung im Marienhospital übertragen, die sie bis wenige Jahre vor ihrem Tod innehatte. Viele tausend Neugeborene hielt sie in den Armen, und Generationen von Müttern hat sie betreut. Sie wurde auf dem Bessunger Friedhof neben ihren Mitschwestern beerdigt. Sr. Richardis war schon zu Lebzeiten eine Legende.

## Die vertrauliche Geburt

**2004** ermöglichte das Marienhospital die vertrauliche Geburt. Werdende Mütter können in auswegloser Situation ihr Kind anonym zur Welt bringen und müssen nicht nach einer „Babyklappe" suchen oder das Kindchen vor eine Kirchentür legen. Die Frauen brauchen keinen Ausweis und keine Versicherungskarte. Die werdende Mutter bekommt einen erfundenen Namen zugeteilt, mit dem sie während des Klinikaufenthaltes angesprochen wird.

*Sr. Richardis Schrod*

Auch das Neugeborene erhält diesen Alias-Namen. Für beide gibt es einen identischen Zahlencode. Während die Mutter die Klinik unerkannt verlässt, wird das

Baby auf der Neugeborenenstation versorgt. Die Mutter hat nun 8 Wochen Zeit, sich doch noch für ihr Kind zu entscheiden. Wenn nicht, wird das Jugendamt eine Pflegefamilie und Adoptiveltern suchen. Geburt und stationäre Versorgung sind für die Mutter kostenfrei. Das Projekt wurde nach der heiligen Lucina benannt. Der Caritasverband Darmstadt hatte es – in Kooperation mit dem St. Rochus-Krankenhaus und dem Marienhospital – ins Leben gerufen. Ähnliche Einrichtungen gab es damals schon in einigen anderen Städten.

Mit dem **2014** erlassenen *‚Gesetz zum Ausbau der Hilfen für Schwangere und zur Regelung der vertraulichen Geburt'* erhielt dieses bisher in einer rechtlichen Grauzone liegende, individuelle Angebot eine bundesweit geltende Rechtsgrundlage, nach der das adoptierte Kind mit 16 Jahren die Identität der leiblichen Mutter erfahren kann, soweit diese nicht gerichtlich eine weitere Anonymität erwirkt. Die Kosten für die Geburt, sowie für die Vor- und Nachsorge, werden vom Bund übernommen. 2017 berichtete das Bundesfamilienministerium über 345 vertrauliche Geburten. Die Zahl der Säuglinge, die tot am Straßenrand oder in einer Säuglingsklappe abgelegt wurden, sei gesunken.

Im Marienhospital gibt es, trotz der rechtlichen Absicherung, eine medizinisch begründete wichtige Einschränkung für die anonyme Geburt: Es dürfen nur Schwangere nach der 36. Schwangerschaftswoche entbunden werden, das Marienhospital ist für Frühgeburten nicht eingerichtet. Die Vorlage eines korrekt geführten Mutterpasses, der die Schwangerschaftsdauer dokumentiert, ist Voraussetzung für die Aufnahme einer Schwangeren, um sichere Geburt und Nachsorge für das Kind bieten zu können. Fehlt der Nachweis, muss die Schwangere in ein entsprechend ausgestattetes Haus geleitet werden. Oft besitzen aber die anonymen Schwangeren keinen Mutterpass, daher wird im Marienhospital die anonyme Geburt praktisch nicht mehr angeboten.

### Dr. Kauder im Ruhestand

Im Dezember **2004** ging Dr. Kauder in den Ruhestand. Beim Abschiedsempfang blickt er auf seine Zeit als Belegarzt zurück: *„Es sind wechselvolle Jahre gewesen. Der Beruf des Internisten hat sich verändert und eigenständige Fachrichtungen* *hervorgebracht. Auch das Gesundheitswesen hat sich gewandelt, und zwar nicht nur zum Guten: Der Patient wird oft nur noch als Melkkuh gesehen, ein Trend, dem sich das Marienhospital bislang erfolgreich widersetzen konnte."*

## Mein erster und mein letzter internistischer Belegarzttag – Wolfgang Kauder

*„Ein ‚böses Erwachen' im Marienhospital hatte ich nur ein einziges Mal, es war 1950. Als Sextaner wurde ich dort bei einer kleinen Operation mit Chloroform betäubt und bekam alle gefürchteten Nachwirkungen: Schwindel, Übelkeit und Angstzustände. Ähnliches ist mir später an gleicher Stelle nie mehr passiert, obwohl ich fast 30 Jahre lang dort berufstätig war. Natürlich gab es im Laufe der Zeit einiges Unangenehme und manches Schwierige. Aber das Allermeiste war positiv und interessant. Zwei Daten können das zeigen:*

*Der 1. Juli 1977 war mein erster Belegarzttag. Zugleich trat auch das erste Kostendämpfungsgesetz im Gesundheitswesen in Kraft; ein Wetterleuchten für meine Generation. Zu meiner Vorstellung und Begrüßung hatte sich ein Stuhlkreis von ca. 20 Ordensschwestern versammelt, die mich aufmerksam beäugten. Mit vielen hatte ich es fortan ständig zu tun. Sie blieben mir in lebhafter Erinnerung, war ihre Arbeit doch ebenso wertvoll wie unbezahlt für ‚Gottes Lohn'. Ich sah die legendären Schwestern Engelburga und Richardis, die liebevollen Betreuerinnen von zigtausend Säuglingen und Müttern. Sie waren im Großraum Darmstadt ganzen Generationen bekannt.*

*Im OP assistierten von früh bis spät die Schwestern Anstrudis und Domitilla, beide später zu Recht mit dem Bundesverdienstkreuz ausgezeichnet. Mit großem Einsatz wurde das Röntgen von Sr. Seraphia, der Stationsbetrieb von Sr. Seraphine und Sr. Elfriede und nicht zuletzt die Küche von Sr. Agatha gemanagt (die mich wöchentlich mit Kartoffelpuffern versorgte). In der Verwaltung computerte Sr. Irmgard als Erste in Darmstadt mit einer hochmodernen riesigen Winchester-Festplatte (65 MB). Und auch an die MS-kranke Schwester B. erinnere ich mich, die auf Station saß, das dortige Treiben und ihr eigenes Siechtum beobachtete und als Braut Jesu niemals ein klagendes Wort verlor.*

*Verabschiedung von Dr. Wolfgang Kauder (vlnr): Provinzialoberin Sr. Liberata, Dr. Kauder und Weihbischof Dr. Werner Guballa.*

Beim ersten Rundgang durch das Haus spürte ich im Rücken die mitleidigen Blicke von Personal und Kollegen. Es gab keine Innere Abteilung, keinen internistischen Patienten und keinen internistischen Assistenten. Ich selbst war das einzig Internistische an diesem Tag. Und so passte es, dass eine bisher nur Geburtshelfer und Operateure gewohnte Schwester fragte, was ein Internist eigentlich so macht. Ja, ich hatte nicht viel zu machen. Die diagnostische Ausrüstung bestand in einem EKG, einem Rektoskop (Enddarmspiegel) und einer musealen Röntgenapparatur. Das Labor residierte in einem kleinen Eckzimmer im Untergeschoss. Der gesamte Schriftverkehr wurde per Hand erledigt. Das Haus hatte keinen Anästhesisten, der OP keine Schleusen und alles wirkte etwas in die Jahre gekommen. Zu allem Überfluss hing wenig später im Arztzimmer ein Schreiben des Hessischen Sozialministers, es gäbe für den Erhalt des Krankenhauses zukünftig keine Gelder mehr. Fazit: der Anfang roch stark nach baldigem Ende.

Der 29. Januar 2005 war mein letzter Belegarzttag. Das Krankenhaus allgemein und die Innere Abteilung speziell waren aufgeblüht. Der politische Wind in Hessen hatte sich gedreht und es gab für kleine Häuser wieder große Unterstützung. Das Marienhospital wurde in den 90er Jahren umfassend saniert und ausgebaut und mauserte sich zum modernen Vorzeigeobjekt. Der Betrieb florierte. Die Innere Abteilung war ständig voll belegt, die Suche nach freien Betten tägliche Routine. Alle im Haus wussten jetzt, was ein Internist macht. Für dessen Patienten gab es eigene Assistenzärzte. Acht von ihnen mit Weiterbildung im Marienhospital haben sich mit Praxen in der Stadt niedergelassen. Seit 1977 hatte ich 14.000 Patienten stationär und weitere 30.000 ambulant versorgt.

Auch die diagnostische Ausstattung hatte gewaltig zugelegt. Es gab eine hochmoderne Röntgen-, Endoskopie- und Sonografie-Abteilung und ein leistungsfähiges klinisches Labor. Allerdings war ich selbst schon wieder der Letzte, der all das nutzen durfte. Die Innere Medizin hatte sich mittlerweile in zehn Fachrichtungen unterteilt, von Angiologie bis Rheumatologie. Jede hatte eigene Zuständigkeiten. Trotzdem war ich als internistischer Generalist der Leitende Krankenhausarzt. Wer hätte das alles 1977 gedacht? Zu meiner Verabschiedung an diesem Tag kamen neben einem Bischof und einer Magistratsabordnung viele weitere Prominente. Die Presse berichtete wohlwollend über mein Berufsende. Die unscheinbare Innere Abteilung war zu beachtlichem Ansehen gekommen. Ich war überglücklich und dankbar und wusste, ich würde auch im Ruhestand weiter Medizin betreiben. Genau so hat es sich ergeben."

## Das Marienhospital wird 75 Jahre alt

Im Januar **2005** feierte das Marienhospital sein 75-jähriges Bestehen. Kardinal Lehmann leitete den Festgottesdienst. Das Hospital war zwar mit 120 Betten das kleinste Krankenhaus von Darmstadt, gehörte aber mit der Geburtenzahl seit Jahren zur Spitze in Südhessen. Es hatte sich von einem Belegkrankenhaus in ein modernes Gesundheitszentrum mit allen Disziplinen gewandelt. Es war das einzige Krankenhaus in Deutschland, das der Ordensgemeinschaft noch gehörte.

2005 – Der sechste Leitende Arzt Dr. Manfred Klein. Mit 33 Jahren ließ sich Dr. Klein in Darmstadt als Gynäkologe nieder und erhielt 1983 Belegbetten im Haus. Die 13 Belegärzte wählten ihn einstimmig zum neuen Leitenden Arzt. Früher hatte die Schwesternschaft darüber entschieden, heute bestätigt sie nur die Wahl.

Feier zum 75-jährigen Bestehen des Marienhospitals. Das erste Tortenstück für Sr. Liberata.

*Funktionsbau mit Haupteingang, daneben die alte Villa.*

**Stand 2005**: Es gibt weltweit 676 Vorsehungsschwestern, davon 114 in Deutschland, 15 arbeiten noch im Marienhospital. Altersbedingt werden es immer weniger, es fehlt der Nachwuchs. Das Haus hat 200 Mitarbeiter. Für die Einstellung des Personals ist der Orden als Träger des Krankenhauses zuständig, ebenso für die Ausstattung der Klinik. 17 selbstständige Belegärzte versorgen ihre Patienten. Neun Ärzte haben ihre Praxen auf dem Klinikgelände.

## Maltese-Migranten-Medizin im Marienhospital:
## *„Die im Dunkeln sieht man nicht."*

Die erste Einrichtung dieser Art wurde 2001 in Berlin auf Initiative des Arztes und Malteser-Diözesanleiters Dr. von Heseler gegründet, dem in seiner Praxis die Zunahme unversicherter Migranten, auch deutscher Patienten, auffiel. Ihnen bot er kostenlose ärztliche Beratung und Hilfe. Bald folgten ähnliche Anlaufstellen in Köln und München. Illegal Eingewanderte haben – im Gegensatz zu Asylbewerbern – keinen Anspruch auf eine (kostenfreie) ärztliche Regelversorgung.

*Festakt zur Gründung der Malteser-Migranten-Medizin in Darmstadt (vrnl): Constantin von Brandenstein-Zeppelin, Präsident des Malteser Hilfsdienstes, Karl Kardinal Lehmann, hinter ihm Ruth Wagner, Staatsministerin a. D., Oberin Sr. Liberata Ricker, links Dr. Wolfgang Kauder, Gründer und Leiter der MMM.*

*Der neue Verwaltungsleiter
Wolfgang Brugger*

Der gerade in den Ruhestand getretene Dr. Kauder suchte nach einer medizinischen Aufgabe, bei der er nichts mehr mit Krankenkassen und der ganzen Bürokratie zu tun haben würde, und sah in dem Malteser Hilfsdienst den idealen Partner für eine Migranten-Medizin auch in Darmstadt. Provinzoberin und Krankenhausleiterin Sr. Liberata stellte mietfreie Praxisräume und kostenlose Benutzung der Diagnostikeinrichtungen des Hauses zur Verfügung, der Malteser Hilfsdienst und der Darmstädter Magistrat stimmten dem Vorhaben zu. Im Oktober **2006** wurde die MMM-Praxis im Erdgeschoss des Marienhospitals eröffnet.

Zur Eröffnung hielt Kardinal Lehmann eine vielbeachtete Rede unter dem Motto *„Die im Dunkeln sieht man nicht"* und übernahm die Schirmherrschaft über das Projekt. Es ist eine rein ehrenamtlich arbeitende Anlaufstelle, in der mittellose, nicht krankenversicherte Menschen unter Wahrung ihrer Anonymität kostenlos ärztlich untersucht und behandelt werden können. Auf ca. 4.000 Personen in Darmstadt und Umgebung trifft diese finanzielle Notlage zu. Die Finanzierung erfolgt über Spenden. Die Praxis ist einmal pro Woche geöffnet und wurde zunächst von Dr. Kauder allein geführt, unterstützt von seiner Frau Anne im Vorzimmer. 2016 wird Dr. Kauder Bilanz ziehen.

**2006** wird Sr. Liberata in die Generalleitung ihres Ordens gewählt.

### Ein neuer Verwaltungsleiter

Am 1. September **2007** wurde Wolfgang Brugger  neuer Verwaltungsleiter im Marienhospital. Er löste seinen langjährigen Vorgänger Helmut Ziegler ab, der nach München ging. Die Verwaltungsleiterstelle in kirchlichen Häusern ist als Besonderheit dadurch gekennzeichnet, dass der Inhaber auch für den katholischen Charakter der Einrichtung verantwortlich ist. Brugger war Diplom-Volkswirt und hatte seine Karriere als stellvertretender Verwaltungsdirektor im Ketteler-Krankenhaus in Offenbach begonnen. Diese Position bekleidete er danach seit 2004 im Marienhospital. Er war somit für seine neue Aufgabe gut gerüstet. Als Schüler und Student hatte er Orgel spielen gelernt. Das Harmonium im Marienhospital war ihm hierfür leider kein adäquater Ersatz.

**2007** investierte die Ordensgemeinschaft der Schwestern 250.000 € in ein spezielles Gerät, mit dem angeborene Herzfehler bei Neugeborenen erkannt werden können, das sog. Herz-Screening. Die Untersuchung mit dem Farbdoppler-Echokardiographie-Gerät ist für das Kindchen harmlos. 2008 erfolgte wieder eine größere Investition zum Wohl der Patienten, ein neuer Computer-Tomograph, der mit allen Vorbereitungen 350.000 € kostete. Nun müssen Patienten für diese Untersuchung nicht mehr in andere Krankenhäuser gefahren werden. Mehrmals pro Woche kommt ein Radiologe vom Klinikum und untersucht die Patienten.

Im November **2010** feierte das Marienhospital das achtzigjährige Bestehen mit einem fröhlichen Fest. Lobende Reden umrahmte das Landespolizeiorchester, Kardinal Lehmann schickte ein Grußwort und Walter Renneisen, Schauspieler und Comedian, brachte eines seiner Paradestücke: „Deutschland, Deine Hessen".

# Ein Wasserrohrbruch und seine Folgen

Im Sommer **2011** kam es zu einem folgenschweren Defekt im Haus: Über dem Operationstrakt war ein Wasserrohr geplatzt. Zwar war nur einer der vier OP-Säle direkt betroffen, aber für die Sanierungsarbeiten musste der ganze Trakt geschlossen werden. Operationen müssen aber weiter durchgeführt werden. Die Lösung: Es wurde ein mobiler, hochmoderner OP-Trakt mit drei Sälen und den notwendigen Nebenräumen – Umkleide, Waschraum, Anästhesie – angemietet, einschließlich der Gangverbindung zum Haupthaus. Vermieter war die ADK Modulraum GmbH in Neresheim. Die Container waren mit modernsten Hightech-Apparaturen ausgestattet, nur hausspezifisches Instrumentarium musste umgeräumt werden.

Zum Aufstellen der Module waren lediglich eine schnell geschaffene ebene Fläche und tragfähige Fundamente notwendig, natürlich auch Anschlussmöglichkeiten für Wasser, Strom und Abwasser. Die Schwertransporter mit der überbreiten Fracht rollten nachts unter Polizeibegleitung an. Innerhalb von zwei Tagen wurden die Module aufgestellt. Nach der technischen Abnahme konnte zwei Wochen später schon wieder operiert werden. Die Leihgebühr für sechs Monate und die OP-Reparatur kosteten rund eine Million Euro.

*Ankunft und millimetergenauer Aufbau des, durch einen Gang mit dem Haupthaus verbundenen, mobilen OP-Trakts, 2011.*

Im Oktober **2011** gab es in Darmstadt eine Gesundheitsmesse. Dort stellte das ,*Gesundheitszentrum Marienhospital*' seine Spezialgebiete vor: Innere Medizin mit Schlaflabor und Lungenheilkunde, das chirurgisch-orthopädische Zentrum mit Unfall- und Sportmedizin, Gynäkologie und Schmerztherapie. Der Kinderkardiologe berichtete über das 2007 eingeführte Herz-Screening bei Neugeborenen: Rund 5.000 Säuglinge waren untersucht worden, 247 hatten angeborene Herzfehler, darunter 44 behandlungsbedürftige.

**2014:** Es gibt im Haus ständig anwesende Assistenzärzte, die von den Belegärzten bezahlt werden. Die Assistenzärzte haben einen geregelten Dienst, die zusätzlichen Bereitschaftsdienste können mit Freizeit ausgeglichen werden. Es gibt 16 Belegärzte: vier Anästhesisten, einen Augenarzt, vier konsiliarisch tätige Kinderärzte und sieben Assistenzärzte in den Fächern Chirurgie, Innere Medizin, Gynäkologie und Geburtshilfe, Orthopädie, Augenheilkunde und Anästhesie. Insgesamt hat das Marienhospital 208 Mitarbeiter.

# Weihnachtsfeier im Marienhospital –
# Erinnerungen von Rosemarie Büttner

*„Es war immer der Höhepunkt des Jahres und ein Mosaiksteinchen im Krankenhausleben. In den Anfangsjahren ab 1982 trafen sich an einem Nachmittag im Dezember die Mitarbeiter/innen und die Ordensschwestern im ehemaligen Schwesternwohnheim zu Glühwein und Würstchen, später zu Grillhähnchen und Hamburgern, um sich auf die Weihnachtszeit einzustimmen. Es gab für jeden eine kleine Aufmerksamkeit und eine Tüte Plätzchen. Und nach dem obligatorischen Singen von einigen Weihnachtsliedern war die Feier meist nach zwei Stunden wieder vorbei. Im Laufe der 90er Jahre wurde das Haus umgebaut und erweitert. Auch die Weihnachtsfeier wurde umfangreicher und professioneller und fand nun im Funktionsneubau statt. Glühwein verschwand, dafür gab es Wein, Sekt und Bier. Auch die Hamburger waren Geschichte. Es wurde ein kaltes Büfett aufgefahren, das seinesgleichen suchte. Nicht nur die Mitarbeiter der Stationen, der Verwaltung und der anderen Abteilungen waren geladen, sondern auch das Belegärzte-Team. Es gab eine Saalordnung mit Platzreservierung. Wer nicht rechtzeitig vor der Tür stand, hatte das Nachsehen und bekam nur noch einen Platz in der hintersten Ecke.*

*Es wurden auch keine gemeinsamen Weihnachtslieder mehr gesungen, sondern es kam ein regulärer Chor, meistens die Schüler der Krankenpflegeschule aus Offenbach. Oder die Mitarbeiter stellten selbst ein kleines Orchester zusammen, das für die Untermalung sorgte. Reden wurden im offiziellen Teil gehalten, Ehrungen und meditative Gedanken gehörten zur Feier, wie auch das kleine Geschenk und die Tüte mit den selbstgebackenen Plätzchen. Höhepunkt des Abends war, wie immer, das kalte und in späteren Jahren zusätzlich das warme Buffet. Die Mitarbeiter freuten sich auf die Feier und genossen die Stunden des gemütlichen Beisammenseins. Manche verzichteten auf den offiziellen Teil und kamen erst zum gemütlichen Beisammensein. Oft dauerte die Feier bis zum Morgengrauen und blieb vielen in bester Erinnerung. Es waren schöne Momente und besondere Aktionen, welche die Abende ausmachten. Und fast alle ,alten' Mitarbeiter denken gerne an diese Veranstaltungen zurück. Sie waren ein Fixpunkt in unserer hektischen Zeit, unter dem Motto ,Frohe Weihnachten.' "*

*Blick auf den neuen Parkplatz, 2013.*

# Strukturwandel

**1. Juli 2012**: 82 Jahre nach der Gründung ändert das Marienhospital seine bisherige Struktur als ausschließliches Belegkrankenhaus und richtet eine Klinik für Innere Medizin mit 35 Betten ein, die von einem fest angestellten Arzt geleitet wird. Erster Chefarzt wurde der 37-jährige Privatdozent Dr. Carl Christoph Schimanski, der bisher für die gastroenterologische Station an der Universitätsklinik Mainz tätig war. Leitender Oberarzt wurde der Kardiologe Dr. Peter Oberst, der als Oberarzt an der Deutschen Klinik für Diagnostik in Wiesbaden gearbeitet hatte. Vier Assistenzärzte ergänzten das Team. Sr. Liberata Ricker sah in der Abkehr vom reinen Belegkrankenhaus ein Stück Zukunftssicherung für das Marienhospital.

## Der neue Parkplatz

**April 2013**: Das seit 10 Jahren immer größer werdende Problem der Parkplatznot wurde endlich gelöst. Auf einem kleinen Teil des nördlich vom Hospital liegenden Kleingarten-Geländes wurden 90 Stellplätze geschaffen. Schon 1975 hatte die Stadt hier einen Parkplatz für das Hospital vorgesehen. Weil die Denkmal- und Naturschützer auf dem eigenem Grundstück kein Parkhaus erlaubten, beantragte die Klinikleitung 2008 schließlich eine Parkfläche auf dem nördlichen Kleingartengelände. Dies rief heftigen Protest der Kleingartenfreunde hervor, deren Pachtvertrag 2009 ablief.

Im März 2009 fand eine Verkehrsuntersuchung und Besichtigung der vorhandenen Parkplätze auf dem Klinikgelände durch Vertreter der Stadt statt. Einige Tage zuvor hatte die Krankenhausleitung in einem Rundschreiben an alle im Haus Tätigen auf diesen Termin hingewiesen: *„Wir müssen die Vertretungen der Stadt Darmstadt davon überzeugen, dass wir mehr Parkplätze brauchen als nur die auf unserem Gelände vorhandenen. Im Klartext: An diesem Tag sollten die Parkplätze total ausgelastet und noch mehr als ausgelastet sein. Dazu mögen*

*Sie Ihren Teil beitragen.* " Die Kommission kam, fand für ihre Fahrzeuge keinen Parkplatz, sah sogar Schwierigkeiten für einen Feuerwehreinsatz und stimmte, nach zweijähriger Diskussion mit allen Beteiligten, dem Antrag des Hospitals zu. 2010 kaufte das Marienhospital vom Eigentümer, der Hessischen Landgesellschaft, die benötigte Fläche, die etwa 15 Kleingärten entsprach. Der neue Parkplatz mit Zufahrt über den Lossenweg löste allerdings keine begeisterte Zustimmung der Anwohner aus.

## Geburten im Marienhospital

Aushängeschild des Marienhospitals seit seiner Gründung ist die geburtshilfliche Station, eine Belegabteilung, in der sechs niedergelassene Gynäkologen zusammen mit den Hebammen die Kinder zur Welt bringen. 2007 meldete das Marienhospital mit 1509 Geburten einen hauseigenen Rekord, während im Klinikum 886 Kinder zur Welt kamen. Betrachtet man die Zahlen der Jahre zwischen 2006 und 2016, so gab es im Marienhospital durchschnittlich 1400 Geburten, deutlich mehr als im Klinikum mit 1250 Geburten. Aber seit 2014 liegt das Klinikum mit 1600 Geburten im Jahr vor dem Marienhospital, das mit 1350 Geburten auch weiterhin zur südhessischen Spitzengruppe gehört und seit 17 Jahren konstant hohe Geburtenzahlen meldet. In 2017 ging die Anzahl der Geburten etwas zurück. das Klinikum meldete 1720, das Marienhospital 1219 Geburten. Auch im Alice-Hospital gab es in 2017 weniger Geburten: 1167 gegenüber 1230 in 2016. Den Spitzenplatz in Hessen nimmt das Bürgerhospital in Frankfurt in 2017 mit 3301 Geburten ein.

Ein landesweites Problem in Kreißsälen ist die Besetzung der vorhandenen Arbeitsplätze mit Hebammen, speziell in Ballungszentren wie der Rhein-Main-Region. Sinkenden Bewerberzahlen steht ein Anstieg der Geburtenrate gegenüber. Im Marienhospital sind gegenwärtig – im September 2017 – von 14 Planstellen 10 besetzt, teilweise mit Halbtagskräften, so dass 20 bis 22 Hebammen mit unterschiedlichen und wechselnden Arbeitszeiten tätig sind. *„Jede Zweite ohne Hebamme"* so überschrieb kürzlich das Darmstädter Echo einen Artikel, in dem die prekäre Situation für Schwangere beschrieben wurde.

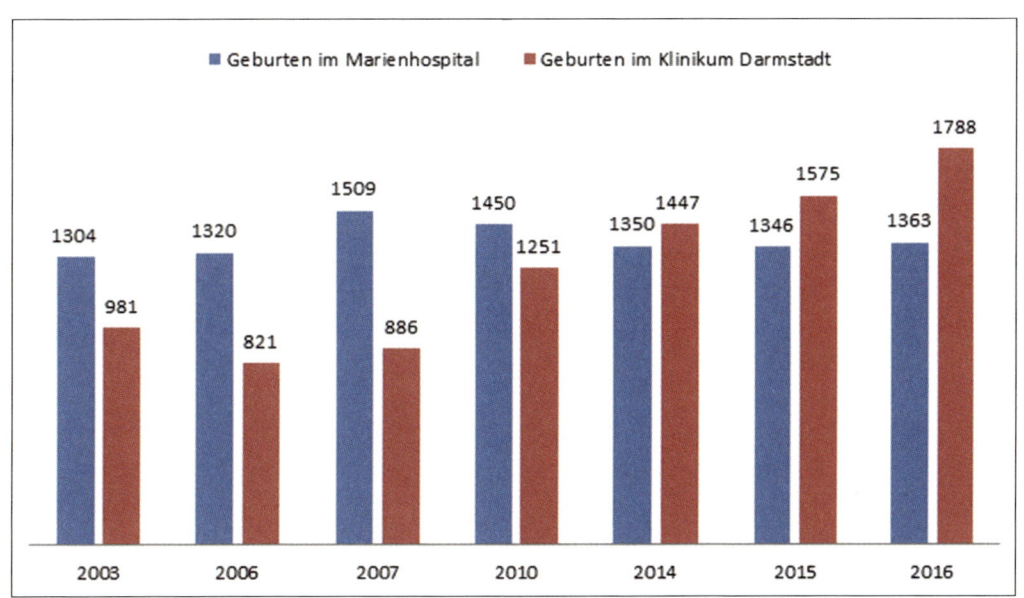

*Vergleich der Anzahl Geburten im Klinikum und im Marienhospital von 2003 bis 2016.*

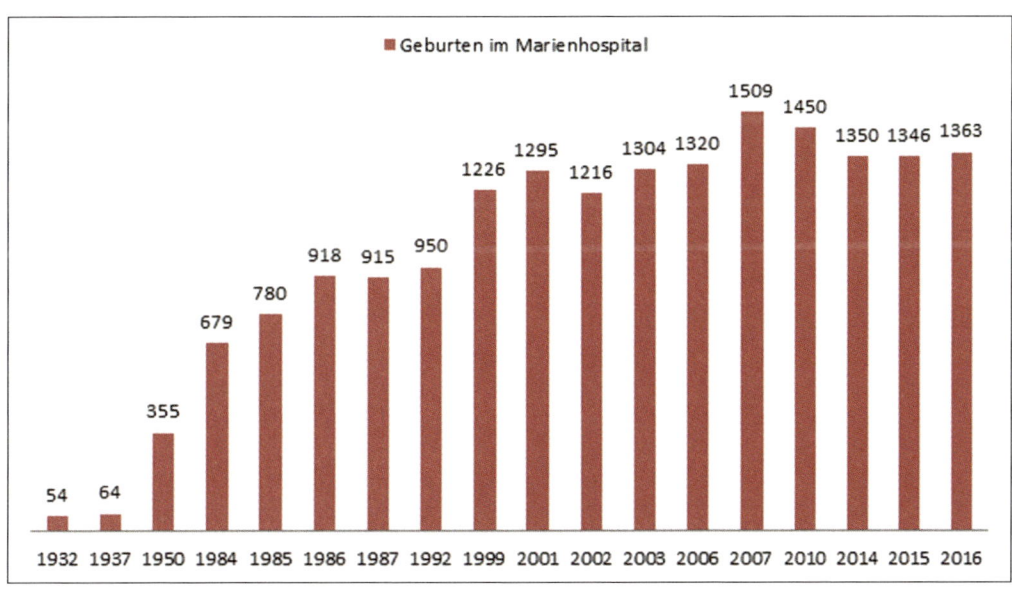

*Anzahl der Geburten im Marienhospital zwischen 1932 und 2016.*

# Anmerkungen der Hebamme Dagmar Erdmann

*„ ‚Ein echter Heiner wird im Marienhospital geboren‘, diesen Spruch hört man immer wieder. Was nun einen echten Heiner auszeichnet, sei dahingestellt, und es gibt bestimmt mehr Wege zum Heinertum als allein den Geburtsort ‚Martinspfad 72‘ in der Geburtsurkunde. Aber warum entscheiden sich eigentlich Jahr für Jahr so viele Frauen, ihr Kind in einem kleinen Krankenhaus am Rande der Stadt, ohne angegliederte Kinderklinik, zu bekommen? Der Wald und die schöne Aussicht sind sicher hilfreich, aber das alleine kann es nicht sein.*

*Als meine kleine Schwester auf die Welt kam, war ich gerade 16 Monate alt. Meine Mutter hatte mit Hilfe von Hebamme Rodelia und Dr. Schneider eine rasche, glatte Geburt gehabt und lag nun zur Erholung für ein paar Tage auf der Wochenstation. In ihrer Erinnerung konnten ‚die Nonnen‘ nicht mit ansehen, wie dünn sie nach den beiden kurz aufeinanderfolgenden Schwangerschaften, jeweils begleitet von Übelkeit, war und brachten ihr Sahnejoghurt zum Aufpäppeln – eine Geste der liebevollen Zugewandtheit, die ihr bis heute, über 30 Jahre später, in Erinnerung geblieben ist.*

*Es kann natürlich sein, dass damals alle Wöchnerinnen einen Joghurt zum Nachtisch oder als Snack bekamen, aber in Verbindung mit guten Worten und dem Gefühl, gesehen zu werden, wurde er zu etwas Besonderem. Diese Zugewandtheit ist in meinen Augen das, was den Geist des Marienhospitals ausmacht, und gerade im Kreißsaal, in der so verletzlichen Lebensphase, in der Paare zu Eltern werden, ist sie besonders wichtig. Und bei allem abgeplatztem Lack und allen kaputten Scharnieren ist es – so glaube ich – das, was die werdenden Eltern spüren, wenn sie unser Krankenhaus kennenlernen. Viele Frauen kommen aus den Praxen der Belegärzte zu uns und freuen sich, dass wenigstens eine vertraute Person bei der Geburt dabei sein wird. Uns Hebammen zeichnet aus, dass wir ein wirklich gutes Team sind, das sich gegenseitig trägt und den Rücken stärkt, miteinander lacht und weint, füreinander einsteht, an einem Strang zieht und das auch nach außen ausstrahlt.*

Und ‚die Nonnen‘, die sich über das zu erwartende Maß hinaus kümmern, habe ich auch noch kennengelernt: Als Sr. Liberata, die Krankenhausleiterin, mich das erste Mal spät abends im Kreißsaal besuchte, um zu fragen, ob alles in Ordnung sei, war ich erstaunt und überrascht, aber bald habe ich diese Stippvisiten als ihre Art der Zugewandtheit schätzen gelernt. In dieser Atmosphäre des gegenseitigen Wohlwollens fühlen sich werdende Eltern gut aufgehoben. ‚Wir haben uns bei Ihnen sehr wohl gefühlt‘, ist für mich immer die schönste Rückmeldung. Denn nur wer sich gut aufgehoben fühlt, kann auch gut ein Kind gebären. Stress jeglicher Art ist dabei immer hinderlich.

Ich freue mich daher immer sehr, wenn Frauen auch ihr zweites und drittes Kind bei uns auf die Welt bringen. Und ganz besonders schön ist es, wenn das Schicksal es fügt, dass tatsächlich wieder dieselbe Hebamme im Dienst ist wie beim letzten Mal. Eine Frau habe ich sogar bei drei Geburten begleiten dürfen! Im Marienhospital kann man also seit jeher gut sein Kind bekommen, nicht weil es bei uns die schönsten Kreißsäle oder die modernste technische Ausstattung gibt, sondern weil es eine Tradition der Zugewandtheit gibt und spürbar wird, dass wir den Mensch als Ganzes sehen.“

Pfarrer Angelo Stipinovich war Priester in der Pfarrgemeinde Viernheim und schon früher mit Sanierungen, Verkäufen und Fusionen südhessischer Krankenhäuser befasst. Er berät die Bistumsleitung in Finanz- und Strukturfragen.

## Neue Zukunft für das Marienhospital?

Im Juni **2013** fand in Viernheim ein Treffen zwischen dem Bistum, dem Ministerium, dem Kreis Darmstadt-Dieburg und der Stadt Darmstadt statt. Danach begannen Verhandlungen mit Vertretern des Klinikums, der St. Rochus-Stiftung und dem Kreisklinikum Darmstadt-Dieburg (Groß-Umstadt) mit dem Ziel, eine strategische Partnerschaft vertraglich zu regeln.

Im September bat die damals amtierende Provinzoberin der Ordensgemeinschaft der Vorsehungs-Schwestern, Sr. Clementine Fritscher, darum, das Marienhospital ebenfalls in die Verhandlungen einzubeziehen. Generalvikar Prälat Dietmar Giebelmann stimmte zu.[20] Pfarrer Angelo Stipinovich: *„Die Schwestern beabsichtigen, sich aus der Trägerschaft für ihr Krankenhaus zurückzuziehen.“*

---

20  Zitiert aus den Mainzer Bistumsnachrichten Nr. 1 vom 8. Januar 2014.

Im November informierten Stadtkämmerer und Landrat, dass ein medizinisches Konzept entwickelt worden sei, welches beide Häuser (Rochus und Marienhospital) erfasse. Landkreis und Stadt wären bereit einzusteigen, wenn die katholischen Häuser in einer „Paketlösung" verhandelt würden.

Im Dezember bat die Ordensführung jedoch um Zeit, um die Entwicklungen zu beraten. Schließlich beschlossen die Schwestern, an gemeinsamen Verhandlungen doch nicht teilzunehmen. Das Marienhospital sei gut aufgestellt, sodass ein Zusammengehen mit anderen Kliniken aus wirtschaftlichen Gründen nicht notwendig sei. Gleichwohl stehe man einer sinnvollen Zusammenarbeit mit anderen Krankenhäusern positiv gegenüber.

**2014** fanden intensive Verhandlungen zwischen allen beteiligten Kliniken statt. Ziel war, einen starken südhessischen Krankenhausverbund in kommunaler Hand zu schaffen, dessen Leistungsangebote sich ergänzen und die wirtschaftliche Zukunft sichern.

# Verkauf an das Klinikum

Im Januar **2015** berichtete die ‚Frankfurter Allgemeine', dass die Klinikum Darmstadt GmbH in einem Bieterverfahren mit zehn Mitbewerbern das Marienhospital und das St. Rochus-Krankenhaus Dieburg erworben habe. Die Stadt Darmstadt steuere zum Erwerb sechs Millionen Euro aus ihrem Haushalt bei. Den Rest des Kaufbetrages gebe das Klinikum aus eigenen Mitteln dazu. Das Marienhospital firmiere nun als Tochtergesellschaft des Klinikums in Form einer GmbH.

Die Kongregation der Schwestern von der Göttlichen Vorsehung behalte einen Anteil von 10 Prozent, gleichermaßen das St. Rochus-Krankenhaus. Das solle garantieren, dass keine Maßnahmen durchgeführt werden, die im Widerspruch zu den grundlegenden katholischen Werten stehen.

*„Die Klinikum Darmstadt GmbH hat im Bieterverfahren insbesondere deshalb den Zuschlag erhalten, weil ihr medizinisches Konzept überzeugt und die Stärken der einzelnen Standorte gut berücksichtigt hat"*, sagte dazu Pfarrer Angelo Stipinovich, Aufsichtsratvorsitzender der St. Rochus GmbH, und ergänzte: *„Der Erhalt der Krankenhäuser an den jetzigen Standorten hat für die Bürgerinnen und Bürger einen hohen Wert in sich. Daher war die Bestandsgarantie von mindestens fünf Jahren entscheidend, die das Klinikum Darmstadt für das Marienhospital und das St. Rochus Krankenhaus gegeben hat."*

Aus der gemeinsamen Presseerklärung von Klinikum Darmstadt und Bistum Mainz am 5. Februar 2015 erfuhr man, dass das Klinikum Darmstadt durch den Erwerb der beiden Häuser nun zu den größten Arbeitgebern der Region zählt. Die zusammengefasste Jahresstatistik zeigte, dass mit 1.142 Betten und 2.221 Vollzeitkräften rund 46.000 stationäre und mehr als 80.000 ambulante Kranke versorgt wurden. Der kaufmännische Geschäftsführer des Klinikums erläuterte die neue Unternehmensstruktur: *„Wir werden unter dem Dach der GmbH eine neue Sparte ‚Katholische Krankenhäuser' einrichten, zu der dann die Marienhospital Darmstadt GmbH und die St. Rochus Krankenhaus GmbH gehören."*

*Fahnen vor dem Marienhospital signalisieren die neue Partnerschaft mit dem Klinikum.*

Die bisherige Krankenhausleiterin Sr. Liberata Ricker sah darin die logische Konsequenz aus der sich wandelnden Krankenhaus-Landschaft in Südhessen: Die Lage der Krankenhäuser habe sich in den letzten zehn Jahren dramatisch verändert, die wirtschaftliche Situation werde immer schwieriger. Und so wäre es unverantwortlich gewesen, die Augen vor der Realität zu verschließen. Der Einstieg des Klinikums Darmstadt sei ein Stück Zukunftssicherung für das Marienhospital. Es werde intensiviert, was seit Jahren schon praktiziert worden sei, die Zusammenarbeit im Bereich der Inneren Medizin, der Radiologie und der beiden Apotheken.[21]

## Die katholischen Werte

Eine der Bedingungen der Schwesternschaft bei den Verkaufsverhandlungen war, dass der katholische Charakter des Krankenhauses erhalten bleibt. Der Mensch solle als Geschöpf und Abbild Gottes gesehen und mit seinen leiblichen, geistigen, sozialen und religiösen Bezügen wahrgenommen und versorgt werden, unabhängig von seiner psychischen oder physischen Verfassung, seiner Religion oder Weltanschauung, seiner Rasse oder sozialen Herkunft. Das christliche Leitbild müsse bei allen spürbar sein, die am Genesungsprozess der Patienten beteiligt sind, auch in der Begleitung von Leiden und Sterben.

Im Gesellschaftsvertrag der Marienhospital Darmstadt GmbH wurde das katholische Leitbild des Marienhospitals in § 11, Absatz 3, Nr. 1 übernommen (Auszug): *„Das katholische Profil in diesem Sinne beinhaltet insbesondere die kirchliche Namensgebung, die Anbringung kirchlicher bzw. religiöser Symbole im Krankenhaus, das seelsorgerische Angebot des Krankenhauses, den Betrieb der Krankenhauskapelle, die Einhaltung der Leitlinien der katholischen Kirche bzgl. der Vornahme von Schwangerschaftsabbrüchen, der Problematik der ‚Pille danach‘, des Umgangs mit den modernen Techniken der Fortpflanzungsmedizin (z.B. Präimplantationsdiagnostik), des Umgangs mit Schwerstkranken und*

---

21  In: *Menschen im Marienhospital*, Ausgabe 1/2015

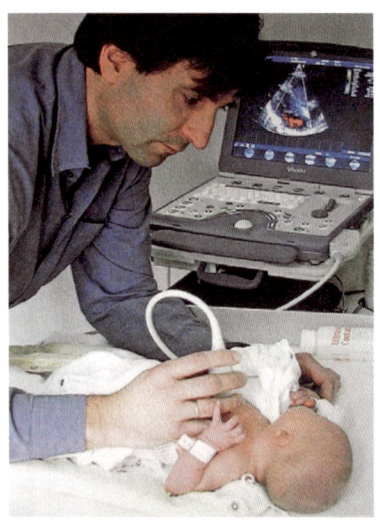

*Kinderkardiologe Dr. Elmo Feil bei einem Herz-Screening*

*Sterbenden sowie die Anwendung der ‚Grundordnung des kirchlichen Dienstes im Rahmen kirchlicher Arbeitsverhältnisse' auf die dem Krankenhausbetrieb zuzuordnenden Arbeitsverhältnisse.*"

Am 31. Januar 2015 gab der Gynäkologe und Geburtshelfer Dr. Manfred Klein seine bisherige Funktion als Leitender Arzt auf, bleibt aber weiterhin Belegarzt am Marienkrankenhaus.

**März 2015**: Der seit Juli 2012 amtierende Leiter der Klinik für Innere Krankheiten im Marienhospital, Prof. Dr. Schimanski, wird Nachfolger von Prof. Dr. Wietholtz, der bisher die Medizinische Klinik II am Klinikum in der Grafenstraße geleitet hat. Schimanski bleibt gleichzeitig – als weiteres Beispiel für Kooperationen mit dem Klinikum – Chefarzt am Marienhospital.

Im Oktober gab es ein markantes Jubiläum: Zum 10.000 Mal wurde im Marienhospital ein Herz-Screening bei Neugeborenen durchgeführt. 1977 hatte das Marienhospital als erste Klinik in Deutschland diese Untersuchung eingeführt. Für den Kinderkardiologen Dr. Elmo Feil ist es eine Erfolgsgeschichte. 131 Babys hatten mittelschwere bis schwere angeborene Herzfehler. Sie konnten behandelt werden und haben überlebt.

# Zukunftssorgen

*„Wege aus der Schieflage"* titelte die Frankfurter Rundschau in ihrer Ausgabe vom 6. Juni **2016**. Das Marienhospital stecke tief in roten Zahlen. Mit einem Defizit von mehr als 2,5 Millionen Euro sei das vergangene Jahr abgeschlossen worden. Neue Strukturen und Personalabbau sollten nun das Haus retten. Der Stellenschlüssel solle an die deutschlandweit gängige Personalbemessung angepasst, Stationen neu organisiert und Arbeitsabläufe klarer strukturiert werden.

Zum 1. Juli 2016 wurde das St. Rochus-Krankenhaus in Dieburg geschlossen. Seit Januar war schon das Schutzschildverfahren für Betriebe in wirtschaftlicher Notlage eingeleitet worden: Um eine Pleite zu verhindern, kann ein Betrieb für drei Monate von allen Lohn- und Gehaltskosten befreit werden, um die angeschlagene Firma zu stabilisieren oder eine Planinsolvenz anzusteuern. Die anfallenden Kosten werden aus einer Gemeinschaftskasse der Unternehmen beglichen. Aber das Defizit des St. Rochus-Krankenhauses war höher als erwartet, so dass eine reguläre Planinsolvenz folgen musste.

*„Die Auslastung des 50-Bettenhauses und das medizinische Angebot reichten nicht aus, um das St. Rochus-Krankenhaus auf wirtschaftlich gesunde Beine zu stellen und am Leben zu halten"*, sagte Klinikumsprecherin Eva Bredow-Cordier. Mitarbeiter, Ärzte und Freunde des Marienhospitals befürchteten, dass solches auch ihrem Haus bevorsteht. Bei einem Insolvenzverfahren werden alle Verträge und Vereinbarungen hinfällig, so auch die zugesicherte Bestandsgarantie von fünf Jahren.

# Das neue Führungsteam

Im September **2016** endete die Ära der ehrenamtlich Leitenden Ärzte. Die Anästhesistin Dr. Ulrike Frieß wurde angestellte Geschäftsführende Leitende Ärztin des Marienhospitals. Joachim Herber legte seine ehrenamtliche Funktion nieder. Frau Dr. Frieß übernahm seine bisherigen Aufgaben. Sie engagiert sich seit über 15 Jahren in der Schmerztherapie und war zuletzt Chefärztin der Klinik für Anästhesie und Schmerztherapie am evangelischen Krankenhaus in Bad Dürkheim und hat sich auf die multimodale Schmerztherapie spezialisiert. Diese war 2013 am Marienhospital eingeführt worden und wurde jetzt von ihr umstrukturiert und ausgebaut. Das Marienhospital ist die einzige Klinik in Südhessen mit dem Angebot einer ambulanten und einer akutstationären Schmerztherapie.

Hans-Peter Quindeau wurde der neue Verwaltungsleiter am Marienhospital, Nachfolger von Wolfgang Brugger, der die kaufmännische Leitung der SCIVIAS Caritas GmbH in Kiedrich im Rheingau übernahm. Quindeau hat 30 Jahre Erfahrung im Gesundheits- und Sozialwesen. Nach einer Ausbildung zum Groß- und Außenhandelskaufmann studierte er an der Fachhochschule in Mainz Wirtschaftswissenschaften. Als Diplom-Betriebswirt begann er seine Verwaltungslaufbahn. Zuletzt war er Klinikreferent und Geschäftsführer im Klinikum Main-Spessart, zu dem auch drei Altenheime und ein Bildungszentrum für Pflegeberufe gehören.

Martina Eggebrecht wurde Leiterin des Pflegedienstes. Nach einer Ausbildung zur Notariatsgehilfin wechselte sie ins Pflegefach, wurde examinierte Krankenschwester mit Weiterbildung zur Praxisanleiterin. Diese sind im Rahmen der Pflegeausbildung (Schule) für die praktische Anleitung Auszubildender am Arbeitsplatz zuständig, außerdem auch Fachprüfer bei der staatlichen Prüfung. In dieser Funktion arbeitete sie 11 Jahre im Klinikum, Teilbereich Eberstadt, danach drei Jahre als Pflegefachkraft im Schmerzmanagement mit Weiterbildung zur *Pain Nurse*. 2008-2011 absolvierte sie ein berufsbegleitendes Studium an der Verwaltungs- und Wirtschaftsakademie in Frankfurt, mit Abschluss als

Betriebswirtin. Seit 2011 war sie Pflegedienstleiterin für die Frauenklinik und Chirurgie am Klinikum Darmstadt, bis zu ihrem Wechsel im März 2016 an das Marienhospital.

**H** Pain Nurse: Auf Schmerzbehandlung spezialisierte Pflegekraft, die in Absprache mit dem behandelnden Arzt und dem Anästhesisten eigenständig den Patienten versorgt und überwacht.

## 10 Jahre Malteser-Migranten-Medizin im Marienhospital

Im Oktober **2016** wurde das 10-jährige Bestehen der Darmstädter Malteser-Migranten-Medizin (MMM) mit einer prominent besuchten Festveranstaltung im Kongresszentrum „Darmstadtium" gefeiert. Anne Kauder, die von Anfang an die Praxisverwaltung betreute, wurde dabei mit der Malteser Dankplakette ausgezeichnet. Ihr Ehemann Dr. Wolfgang Kauder zog Bilanz: Seit Gründung der MMM haben 6257 Patienten die Praxis aufgesucht. Es waren mittellose, nicht krankenversicherte Menschen aus 104 Ländern, in erster Linie Migran-

*10 Jahre Malteser-Migranten-Medizin im Marienhospital (vlnr): Dr. Michael de Frênes (Diözesanleiter der Malteser in Mainz), Dr. Wolfgang Kauder, Brigitte Zypries (Wirtschaftsministerin), Anne Kauder, Dr. Peter Frey (ZDF-Chefredakteur), Dietmar Giebelmann (Diözesanadministrator Bistum Mainz), Karl Prinz zu Löwenstein (Vorstandsvorsitzender Malteser Hilfsdienst e. V.)*

*Kinderarzt Dr. Karl Keil untersucht die Tochter einer Migrantin.*

ten mit unsicherem Aufenthaltsstatus. Auch zahlungsunfähige Besucher aus dem Ausland kamen in die Sprechstunde. 30 Prozent der Migranten stammten aus Südosteuropa, danach folgten Äthiopien, Marokko und Ecuador als Herkunftsländer. 20 Prozent der Patienten waren Deutsche, oft insolvent gewordene Selbstständige.

Inzwischen beteiligen sich neun Ärzte mit neun Mitarbeiterinnen an dem ehrenamtlichen Dienst in der Praxis. Unterstützt wird die MMM von 70 niedergelassenen Darmstädter Fachärzten aller Spezialgebiete, die ebenfalls auf humanitärer Basis die mittellosen Patienten mitbetreuen. Die Praxisfinanzierung erfolgt weiterhin ausschließlich über Spenden und mit den Beiträgen eines ca. 150 Mitglieder starken Freundeskreises.

Die Darmstädter MMM erfährt bundesweite Beachtung. Neben zahlreichen lokalen Auszeichnungen (z. B. „Heiner mit Herz", „Ludwig-Metzger-Preis", „Darmstädter Impuls"), war die **2013** erfolgte Auszeichnung als *„Botschafter für Demokratie und Toleranz"* eine der bedeutendsten bundesweiten Anerkennungen für zivilgesellschaftliches Engagement. Mit dem von den Bundesministerien des Inneren und der Justiz verliehenen Preis wurde der Einsatz der MMM-Darmstadt gegen soziale Ausgrenzung und für interkulturelles Zusammenleben in unserer Gesellschaft ausgezeichnet.

*Leiter des Zentrums für chirurgisch-orthopädische Eingriffe im Marienhospital Dr. Ingo Saliger*

## Die neuen Chefärzte

Schon **2012** hatte das Marienhospital seine bisherige Struktur als Belegkrankenhaus aufgegeben und eine Klinik für Innere Medizin eingerichtet, die von fest angestellten Ärzten geleitet wird. Der nächste große Schritt erfolgte im Oktober **2016**, als die Belegarztabteilung für niedergelassene Chirurgen in die Hauptfachabteilung Chirurgie umgewandelt wurde. Die Chirurgie steht unter der Leitung von Prof. Dr. Michael Wild, Chef der Chirurgie II in der Grafenstraße. Standortleiter ist Dr. Ingo Saliger, der zuvor 12 Jahre in Dieburger St. Rochus-Krankenhaus operiert hatte.

Ab Januar **2017** wurde Dr. Peter A. Oberst Chefarzt für die Innere Medizin am Marienhospital als Nachfolger von Prof. Dr. Carl Schimanski, der sich seitdem ausschließlich auf seine Aufgaben als Direktor der Medizinischen Klinik II im Klinikum Darmstadt konzentriert. Seit April **2018** ist Dr. Frank Staib Nachfolger von Dr. Oberst. Mit ihm kommt der Schwerpunkt Altersmedizin in das Marienhospital.

*Chefarzt für die Innere Medizin im Marienhospital Dr. Frank Staib.*

# Ausblick von Dr. Erika Raab

Dr. Erika Raab ist seit März 2018 Verwaltungsleiterin im Marienhospital.

„Weniger Kliniken behandeln mehr Patienten in kürzerer Zeit – dieser Trend setzt sich im Krankenhausmarkt in Deutschland fort. Politisch gewollt nimmt die Zahl der Krankenhäuser seit Jahren ab: Gab es 1990 noch 2.400 Häuser, so liegt die Zahl heute bei 2000. Vor allem kleine Krankenhäuser können aufgrund finanzieller Schieflage am Markt nicht mehr alleine bestehen. Etliche wurden geschlossen – auch um Darmstadt herum; andere ringen noch um ihren Bestand. Unter diesen Rahmenbedingungen war es für das Marienhospital Darmstadt großes Glück, dass die Klinikum Darmstadt GmbH das Haus in seinen Verbund aufgenommen hat. Nur im Verbund haben kleine Krankenhäuser heute eine Zukunft.

Wir sind Dr. Immo Grimm und Dr. Wolfgang Kauder sehr dankbar, dass sie mit diesem Buch die Geschichte des Marienhospitals festgehalten haben. In den 87 Jahren seit der Gründung durch die Ordensgemeinschaft der Schwestern von der Göttlichen Vorsehung ist vieles bewegt worden – immer im Dienste der Patientinnen und Patienten. Dass die Geschichte weiter geht, ist eine frohe Botschaft. Mit seinen 115 Betten liegt es idyllisch gelegen im Südosten von Darmstadt und bietet wie jeher eine besondere menschliche Atmosphäre. Seit Jahren zählt das Marienhospital mit fast 1.400 Geburten im Jahr zu den führenden Geburtskliniken in Südhessen. Unserem Slogan ‚Sicher und geborgen in familiärer Atmosphäre‘ suchen wir in allen Abteilungen gerecht zu werden.

Auch die Gynäkologie und die Geburtshilfe werden in eine Hauptabteilung umgewandelt. Dieses sichert die Versorgung schwangerer Frauen in Südhessen nachhaltig. Wir verschaffen damit aber zugleich den Hebammen und Frauenärzten sichere Arbeitsbedingungen gemäß neuer gesetzlicher Rahmenbedingungen. Im Verbund mit dem Klinikum konnten für das Haus bereits einige neue Pfeiler gesetzt werden: Seit März 2016 steht das Schmerzzentrum unter neuer ärztlicher Leitung. In der multimodalen stationären Schmerztherapie können gesetzlich und privat versicherte Patienten auch ambulant behandelt werden. Neben der Inneren Medizin gibt es seit Herbst 2016 mit der Chirurgie eine weitere Haupt-

*abteilung, die vor allem elektive orthopädische Eingriffe vornimmt. Seit Dezember 2017 behandelt das Marienhospital Langzeitbeatmete in einer Weaning-Station, die in den kommenden Monaten weiter ausgebaut wird.*

*Das hochengagierte Team und die Rahmenbedingungen des kleinen Krankenhauses bieten für den ganzheitlichen Blick auf die Patienten und das Alter beste Bedingungen, dem wird mit der Berufung von Dr. Frank Staib als Chefarzt für die Innere Medizin Rechnung getragen. In einigen Jahren kommt die Klinik für Psychosomatische Medizin und Psychotherapie an unserem Standort hinzu. Die medizinischen Konzepte der beiden Häuser – Krankenhaus der Grundversorgung hier und Maximalversorger dort – ergänzen und unterstützen sich. Wir wollen diese enge Verzahnung weiter vorantreiben. Denn die Interdisziplinarität ist zum Wohl der Patientinnen und Patienten, die vielfältig von der Zusammenarbeit profitieren. Das Besetzen von Nischen und spezielle Angebote, das sind gute Voraussetzungen für den weiteren Bestand des sympathischen kleinen Krankenhauses."*

# Die ehemaligen Oberinnen

*Sr. Arbogasta Gunzelmann*

### Die erste Oberin: Sr. Arbogasta Gunzelmann 1930 – 1943

Geboren am 29. 7. 1885 in Diedelsfeld in Bayern. Der Vater war Metzgermeister. Mit 24 Jahren trat sie in den Orden ein und legte neun Jahre später das Ewige Gelübde ab. Anschließend arbeitete sie 14 Jahre im neuerbauten St. Hildegardis-Krankenhaus in Mainz und bestand das Krankenschwesternexamen, bevor sie 1929 die schwere Aufgabe der Einrichtung und Führung des neuen Krankenhauses übernahm. 1943 ging Sr. Arbogasta als Leiterin an das St. Hildegardis-Krankenhaus nach Mainz, wo sie bis 1953 wirkte.

### Die zweite Oberin: Sr. Rosa Schäfer 1943 – 1953

Geboren am 11. 9. 1900 in Heldenbergen bei Friedberg als drittes von neun Kindern. Der Vater war Landwirt. Ihrer Entscheidung zum geistlichen Leben folgten auch die beiden jüngeren Schwestern. 1921 trat sie in den Orden ein und legte 1932 das Ewige Gelübde ab. Sie hatte eine Handelsschule besucht und eine Ausbildung zur Kindergärtnerin und Hortnerin absolviert. Von 1926 bis 1932 wurde sie als Kindergärtnerin für herzkranke Kinder in Bad Nauheim eingesetzt. 1932 übernahm sie die Verwaltungsarbeit im Marienhospital. 1943 wurde sie Oberin. Sr. Rosa musste 1953 die Leitung des St. Josefsheims in Offenbach übernehmen. Nach Fertigstellung des dort neu erbauten Von-Ketteler-Krankenhauses wurde sie dessen erste Oberin. Mit 75 Jahren begann sie ihren Ruhestand und wohnte bis 1981 im Marienhospital. Am 25. 5. 1984 starb sie in Aschaffenburg.

*Sr. Rosa Schäfer*

### Die dritte Oberin: wieder Sr. Arbogasta Gunzelmann 1953 – 1957

Sr. Arbogasta (siehe oben) übernahm mit 68 Jahren noch einmal für vier Jahre die Leitung des Marienhospitals und wohnte bis zu ihrem Tod am 22. 3. 1966 im Hospital. Sie wurde auf dem Bessunger Friedhof neben ihren vorangegangenen Mitschwestern beerdigt.

### Die vierte Oberin: Sr. Humberta Kohl 1957 – 1970

Geboren am 30. 12. 1915 in Trösel an der Bergstraße. Der Vater war Bürgermeister. Sr. Humberta hatte eine kaufmännische Lehre und eine Ausbildung zur Näherin absolviert und war 1934, mit 19 Jahren, in die Ordensgemeinschaft eingetreten. 1942 legte sie das Ewige Gelübde ab. Nach mehrjährigen Tätigkeiten an verschiedenen Einrichtungen (Nähschulen, Pfortendienst, Verwaltung) wurde ihr 1957 die Leitung des Marienhospitals übertragen, die sie bis 1970 innehatte. Anschließend arbeitete sie sieben Jahre in der Generalleitung des Ordens in Rom und kehrte dann in das Mutterhaus in Mainz zurück. Ihr letztes Lebensjahr verbrachte Sr. Humberta im Pflegezentrum des Ordens in Aschaffenburg, wo sie am 22. 2. 2004 starb.

*Sr. Humberta Kohl*

### Die fünfte Oberin: Sr. Adelheid Schäfer 1971 – 1977

Geboren am 27. 3. 1912 in Nieder-Liebersbach im Kreis Odenwald/Bergstraße. Der Vater war Arbeiter. Sie trat 1934 mit 22 Jahren in den Orden ein und legte 1942 das Ewige Gelübde ab. Von 1938 bis 1953 arbeitete sie in der Caritas-Kinderheilstätte in Bad Nauheim. Anschließend besuchte sie ein Jahr die Krankenpflegeschule des Hildegardis-Krankenhauses. Danach arbeitete sie bei verschiedenen Institutionen als Krankenschwester, teilweise auch in leitender Funktion. 1971 wurde sie zur Oberin im Marienhospital berufen und leitete das Haus bis 1977. Danach wurde sie Leiterin von Ordenseinrichtungen in Hirschhorn und Neustadt. Sie starb am 15. 3. 2001 im Ordenshaus in Aschaffenburg.

*Sr. Adelheid Schäfer*

### Die sechste Oberin: Sr. Flavia Würth 1977 – 1988

*Sr. Flavia Würth*

Geboren am 6. 3. 1915 in Merzig / Saar. Der Vater war Oberpostschaffner, ihr Bruder Jesuit. 1937 in den Orden eingetreten, legte sie 1945 das Ewige Gelübde ab. Von 1940 bis 1943 arbeitete sie in der Küche des Ordenskrankenhauses in Bad Homburg. 1943 bis 1945 absolvierte sie im Hildegardis-Krankenhaus in Mainz eine Ausbildung als Krankenpflegerin. Anschließend wurde sie bis 1946 in Heidenheim in der ambulanten Krankenpflege eingesetzt. 1946 kam sie als Krankenpflegerin ins Marienhospital, wurde leitende Stationsschwester und wechselte 1957 als Oberin an das Ordenskrankenhaus in Lampertheim.1965 wurde sie für die Ordensprovinz St. Paul in Aschaffenburg zur Provinzoberin gewählt. 1976/77 arbeitete sie als Krankenschwester in Wald-Michelbach und kehrte 1977 als Oberin an das Marienhospital zurück. 1988 wurde sie von Sr. Liberata abgelöst und ging nach Aschaffenburg. Zum Abschied dankte der Leitende Arzt Dr. Pfuhl ihr für die harmonische Zusammenarbeit: *„Wir haben eine gute Ehe geführt. Wo sich uns Probleme in den Weg stellten, haben wir sie in beiderseitigem Einverständnis gelös*t.“ Sr. Flavia starb am 28. 12. 2004 und wurde auf dem Bessunger Friedhof beerdigt.

### Die siebte Oberin: Sr. Liberata Ricker 1988 – 2014

*Sr. Liberata Ricker*

Mit 46 Jahren übernahm Sr. Liberata ihr neues Amt als Oberin. Sie ist Diplom-Sozialpädagogin und war 12 Jahre lang Referentin beim Caritasverband für die Diözese Mainz. Jetzt wurde sie Vorgesetzte von 110 Mitarbeiterinnen und Mitarbeitern, darunter nur noch sechs Ordensschwestern. 1995 wurde sie zur Provinzoberin der Provinz St. Paul Aschaffenburg gewählt, anschließend 2001–2011 zur Provinzoberin der Provinz Emmanuel von Ketteler, in der 2001 die bisherigen deutschen Provinzen St. Paul (Aschaffenburg), St. Bonifacius (Oberursel) und St. Martin (Mainz) aufgegangen waren. 2006 wurde sie in die Generalleitung ihres Ordens gewählt. Nach dem Kauf des Hospitals durch das Klinikum übernahm Sr. Liberata den Vorsitz der Ethikkommission. Zur Zeit ist sie eine der drei Ratsschwestern des Ordens. Sie hat sich mit Leidenschaft im Auftrag der Kirche und ihres Ordens den harten Herausforderungen ihrer Aufgabe als Krankenhausleiterin und anderer Ämter gestellt und sich für das Wohlergehen der Patienten und Mitarbeiter eingesetzt.

# Die ehemaligen Leitenden Ärzte

Der Leitende Arzt wurde vom Rat der Schwesternschaft gewählt. Seine Funktion und Aufgabe war und ist nicht vergleichbar mit der eines angestellten Chefarztes; er ist ehrenamtlich tätig. Er berät die Oberin in medizinischen Fragen, er vertritt das Krankenhaus fachlich gegenüber Behörden, verantwortet die Einhaltung medizinischer und hygienischer Richtlinien und koordiniert die Zusammenarbeit der Belegärzte, hat aber gegenüber ihnen kein Weisungsrecht und ist selbst Belegarzt. Erst lange nach 1945 schlagen die Belegärzte selbst einen aus ihrer Reihe dem Krankenhausträger zur Wahl vor und dieser bestätigt ihn dann.

### Der erste Leitende Arzt: Dr. Felix Becker 1930 – 1938

Geboren am 29. 4. 1893 in Lörzweiler am Königstuhl. Sein Vater war Lehrer. Nach dem Abitur in Bensheim studierte er in Gießen, Frankfurt und Würzburg und wurde Mitglied einer Studentenverbindung. Nach Kriegsausbruch 1914 unterbrach er das Studium und ging als Freiwilliger zum Militär. Als Sanitätssoldat war er in vielen Einheiten an der Ost- und Westfront stationiert und nahm an zahlreichen Kampfeinsätzen teil. Bis 1918 brachte er es vom Sanitätsgefreiten bis zum stellvertretenden Bataillonsarzt und erhielt etliche Auszeichnungen, darunter das Eiserne Kreuz und die Hessische Tapferkeitsmedaille. Nach Kriegsende nahm Becker das Medizinstudium wieder auf, absolvierte bereits 1920 das Staatsexamen und wurde zum Dr. med. promoviert. Seine Assistenten- und chirurgische Weiterbildungszeit leistete er an der Uniklinik Bonn, dem Heilig-Geist-Hospital in Bingen und in 5-jähriger Oberarztposition am Städtischen Krankenhaus in Frankfurt-Höchst ab.

*Dr. Felix Becker*

Becker heiratete die aus Johannisberg im Rheingau stammende Fabrikantentochter Elisabeth Klein. Das Paar bekam zwei Kinder. 1929 meldete er seinen Wohnsitz in Darmstadt in der Bismarckstraße 53 an und hielt dort täglich Sprechstunden ab. Ab 1933 war er auch Facharzt für Frauenkrankheiten und praktizierte beides gleichzeitig, eine gute Kombination für seine Arbeit im Hospital, denn damals machten noch Chirurgen den Kaiserschnitt und der Frauenarzt nahm das Kind in Empfang. Becker starb 1938 an einer berufsbedingten Wundinfektion.

*Dr. Hugo Hausmann*

## Der zweite Leitende Arzt: Dr. Hugo Hausmann 1938 – 1970

Geboren am 20. 11. 1899 in Freiensteinau in Oberhessen. Der Vater war selbstständiger Kaufmann und zog bald nach Darmstadt. Hier legte Hausmann im Juni 1917 die Kriegs-Reifeprüfung ab und rückte anschließend zum Heeresdienst ein. 1919 begann er sein Medizinstudium in Gießen. Seit 1917 war er aktiv bei der Burschenschaft Alemannia. Nach dem Physikum studierte er in München, anschließend in Wien. 1923 legte er in Gießen das Staatsexamen ab, mit anschließender Promotion. Die Ausbildung zum Chirurgen absolvierte er in Kiel bei den Professoren Anschütz und Konjetzny. Die Nähe der See hat ihn wohl verlockt, etwas von der Welt zu sehen. So fuhr er ein Jahr als Schiffsarzt im Linienschiffsverkehr auf der Südamerika- und Ostasienroute. Danach arbeitete er in Bethel, Stettin, Chemnitz und Dortmund. 1932 gründete er in Darmstadt eine chirurgische Praxis mit Belegbetten im Marienhospital. Am Zweiten Weltkrieg nahm er als Sanitätsoffizier teil.

Im Januar 1970 hatte ihn die Stadt mit der Bronzenen Verdienstplakette ausgezeichnet. Am 28. Dezember 1970 starb Dr. Hausmann mit 71 Jahren im Marienhospital infolge einer schweren, koronaren Herzerkrankung. *„Ungezählte Patienten aus drei Generationen verlieren mit ihm den kundigen Helfer; die Stadt trauert um einen profilierten und kultivierten Bürger, der sich höchster Wertschätzung in allen Bevölkerungskreisen erfreuen durfte. Das Vertrauen und die Achtung seiner Kollegen hatten ihn mehr als zwanzig Jahre lang an die Spitze der Darmstädter Ärztekammer gestellt. .... Sein klarer, heiterer Geist, sein verschmitzter Humor, seine zuverlässige Treue haben ihn Freunde gewinnen und halten lassen. Liebhaber des Theaters und der Museen, ist er dem kulturellen Leben der Stadt stets eng verbunden gewesen."* [22] Hausmann war Mitglied der Ernst-Ludwig-Hochschulgesellschaft.

---

22  Darmstädter Echo vom 30.12.1970.

### Der dritte Leitende Arzt: Dr. Peter Pfuhl 1970 – 1990

Geboren am 16. 9. 1921 in Habitzheim im Odenwald, legte er 1939 in Dieburg das Abitur ab und musste anschließend zum Arbeitsdienst einrücken. Ab 1940 studierte er Medizin an der Universität Frankfurt. Der Zweite Weltkrieg unterbrach sein Studium. 1948 wurde er in Heidelberg promoviert. Sein Weg führte ihn von dort direkt ins Marienhospital. Hier arbeitete er von 1947 bis 1955 als Assistenzarzt, danach ließ er sich als Gynäkologe und Geburtshelfer in Darmstadt nieder und war seitdem auch Belegarzt im Marienhospital. Nach dem Tod von Dr. Hausmann übernahm er kommissarisch dessen Funktion und wurde 1973 offiziell Leitender Arzt. Dr. Pfuhl hatte die Entwicklung des Hospitals zum modernen Krankenhaus miterlebt und sehr aktiv mitgestaltet.

*Dr. Peter Pfuhl*

### Der vierte Leitende Arzt: Dr. Hans Helmut Strack 1990 – 2002

Geboren am 7. 2. 1932 in Michelstadt. Der Vater war Diplom-Landwirt. Strack besuchte die Bessunger Knabenschule und anschließend Darmstädter Gymnasien. Strack hatte schon in seiner „medizinischen Jugend" im Marienhospital als Krankenpfleger gearbeitet, dann als Student hier famuliert und nach dem Staatsexamen als Medizinalassistent einen Teil seiner Pflichtzeit im Haus verbracht. 1965 hatte er sich in Darmstadt niedergelassen und operierte seitdem im Marienhospital. Die letzten 11 Jahre war er Leitender Arzt. In dieser Zeit waren der Operationstrakt ausgebaut und neue Operationsmethoden eingeführt worden, speziell die minimal-invasiven Eingriffe („Schlüsselloch-Chirurgie"), die seit Anfang der neunziger Jahre die Chirurgen faszinierte: Kleine Schnitte, weniger Schmerzen, rasche Heilung, kürzere Klinikaufenthalte. Seine ersten Übungseingriffe mit dieser Technik hatte er an narkotisierten Schweinen durchgeführt, natürlich nicht im Marienhospital.

*Dr. Hans Helmut Strack*

*Dr. Wolfgang Kauder*

## Der fünfte Leitende Arzt: Dr. Wolfgang Kauder 2002 – 2005

Geboren 1941 in Gera in Thüringen. Der Vater war Richter. Kauder war der erste Internist in der Reihe der Leitenden Ärzte. Studium in Heidelberg und Mannheim. Ärztliche Weiterbildung in Ludwigshafen und Düsseldorf, später Facharzt an den Städtischen Kliniken in Darmstadt und Oberfeldarzt der Reserve bei der Bundeswehr. 1977 Niederlassung als Internist in Darmstadt, gleichzeitig Belegarzt am Marienhospital. Kauder führte dort zahlreiche medizintechnische Neuerungen ein: Im Röntgen wurde die überholte Fluoreszenzbildschirmtechnik durch eine moderne Bildverstärker-Fernsehkette ersetzt. Gleichzeitig wurden flexible Endoskope für die Magen-Darm-Diagnostik und erstmals auch ein leistungsfähiges Ultraschall-Gerät für Herz-, Gefäß- und Bauchuntersuchungen angeschafft. Außerdem entstand ein Arbeitsplatz für Spirometrie, Ergometrie und Langzeit-EKG. Seine neu geschaffene Innere Belegabteilung wurde damit konkurrenzfähig und entsprach dem zeitgemäßen Ausrüstungsstandard.

Kauder hatte 13.500 Patienten stationär behandelt. Bei weiteren 30.000 Kranken stand er anderen Ärzten beratend zur Seite. Weihbischof Dr. Werner Guballa überbrachte bei der Verabschiedung die Grüße von Kardinal Lehmann und seinem Bistum. *„Sie gehören zur Geschichte des Hauses"* stellte er fest. Provinzialoberin und Krankenhausleiterin Sr. Liberata Ricker würdigte Kauder mit der Goldenen Medaille des Ordens. Vom Caritasverband erhielt er die Goldene Ehrennadel. Sein bisheriger Stellvertreter Dr. Klein bescheinigte ihm die Präzision eines Schweizer Uhrwerks: *„Unnötige Schnörkel gab es bei ihm nicht, es wurde aber auch nichts, was erforderlich war, weggelassen."*

### Der sechste Leitende Arzt: Dr. Manfred Klein 2005 – 2015

Geboren am 26. 3. 1949 in Stuttgart. Der Vater war Oberregierungsdirektor. Schulbesuch in Stuttgarter Gymnasien, Medizinstudium in Marburg und Heidelberg. Promotion an der Universitätsklinik in Heidelberg, Facharztausbildung an der Frauenklinik in Darmstadt. In Darmstadt niedergelassen als Gynäkologe seit 1982. 1983 erhielt er Belegbetten im Haus. Die 13 Belegärzte wählten ihn 2005 einstimmig zum neuen Leitenden Arzt.

Wie sah er die Zukunft des Marienhospitals als Belegkrankenhaus: *„Das Belegarztsystem ist optimal. Die enge Verknüpfung von ambulanter und stationärer Behandlung verkörperte die integrierte Versorgung der Patienten schon perfekt, als es diesen Begriff und die politische Forderung, solche Systeme einzuführen, noch gar nicht gab. Die Verzahnung kommt den Patienten zugute, denn unnötige und meistens auch teure Zweit- oder Drittuntersuchungen entfallen, weil die Behandlung in der Hand eines Arztes bleibt. Er kennt den Patienten in der Regel schon länger und weiß um dessen Gesundheitszustand.“*

*Dr. Manfred Klein*

### Der siebte Leitende Arzt: Joachim Herber 2015 – 2016

Geboren am 28. 5. 1952 in Breithardt / Hohenstein (Taunus). Der Vater war Leiter des Rechnungsamtes der EKHN. Besuch der Georg Büchner-Schule in Darmstadt, Medizinstudium in Frankfurt. Fachausbildung in Chirurgie am Elisabethen-Stift in Darmstadt, in der Universitätsklinik in Frankfurt und im Klinikum Offenbach. 1994 ließ er sich in Groß-Umstadt nieder und wurde gleichzeitig Belegarzt im Marienhospital. Am 1. März 2015 übernahm Herber kommissarisch das Amt des Leitenden Arztes, im September wurde er regulär gewählt. Herber sollte das Amt für drei Jahre bekleiden, aber durch den Verkauf des Marienhospitals an das Klinikum änderten sich die Führungsstrukturen. Mit ihm endete die Ära der ehrenamtlich Leitenden Ärzte.

*Joachim Herber*

# Bildnachweis

Titel, S. 16, 88, 126: Wolfgang Kauder, Darmstadt
S. 2: Die Residenz Darmstadt – Offizieller Führer, 1908
S. 3: Nikolaus Heiss, Flug über Darmstadt, 2006
S. 14: Unbekanntes Gemälde, überlassen von Eva Reinhold-Postina
S. 15 oben: Postkarte von 1904
S. 15 unten: TU Darmstadt
S. 17, 43 oben, 46: Historische Postkarten
S. 18, 43 unten links, 67: Kloster Mainz-Finthen
S. 18 unten, 19-21, 58, 61, 63, 64, 66, 68 unten, 82, 89, 90,
    91 oben: Immo Grimm
S. 21: Werner Lang
S. 28, 34, 37, 38, 41, 43 oben, 44, 48, 54, 55 unten , 56, 68, 71, 74,
    91 unten, 95, 120-122: Schwestern zur Göttlichen Vorsehung
S. 32 Domarchiv Mainz
S. 43 rechts, 123: Christoph Schumann
S. 51: Siemens AG, Archiv für Medizintechnik
S. 55 oben: Stadtarchiv Darmstadt
S. 57: Sr. Creszenzia Griesheimer
S. 69, 77, 125 oben: Peter Pfuhl, Darmstadt
S. 45, 72, 76, 87, 94, 97: Darmstädter Echo
S. 78, 125 unten: Hans Helmut Strack, Darmstadt
S. 80, 81: Volker Hessemer, Darmstadt
S. 83, 96, 98-110, 117-118: Marcus Schmidt, Klinikum Darmstadt
S. 115-116: Malteser-Migranten-Medizin Darmstadt
S. 124: Angela Heim
S. 127 oben: Manfred Klein
S. 127 unten: Joachim Herber

# Danksagung

Unser erster Dank geht an Sr. Liberata Ricker, von 1988 bis 2015 Leiterin des Marienhospitals, für ihre den Orden betreffenden Erklärungen. Sr. Hiltrud Bürk war bei der Beschaffung wichtiger Schriftstücke und Fotos aus dem Klosterarchiv in Finthen behilflich. Dr. Peter Engels und Sabine Lemke vom Stadtarchiv Darmstadt unterstützten uns bei Personenrecherchen. Im Archiv des Darmstädter Echo und im Dom- und Diözesanarchiv in Mainz fanden sich Unterlagen zur Erhellung der Vorgeschichte des Marienhospitals. Martina Eggebrecht gab einen Einblick in die Arbeit der Geburtenstation. Besonderen Dank gebührt den Mitarbeiterinnen und Ärzten des Marienhospitals für ihre persönlichen Beiträge im Text. Unser Dank gilt auch Dr. Roland Held und Dr. Helge Eilers für die sorgfältige Durchsicht des Manuskripts. Das Vorhaben wurde vom Klinikum Darmstadt wohlwollend begleitet von Dr. Erika Raab, Leitung Konzernmanagement & Recht, und Eva Bredow-Cordier, Leitung Unternehmenskommunikation. Lukas Geißler vom Justus von Liebig Verlag formte aus dem Manuskript ein gelungenes Buch.

# Die Sponsoren

Die Autoren bedanken sich sehr herzlich bei den folgenden Einrichtungen und Firmen, die durch ihr Sponsoring ganz wesentlich zur Realisierung der Marien-hospital-Chronik beigetragen haben:

# Die Autoren

## Dr. med. Immo Grimm

1935 in Darmstadt geboren, hat 32 Jahre in der Darmstädter Hautklinik gearbeitet, davon 24 Jahre als Leitender Oberarzt bis zum Jahr 2000. Seit dem Ruhestand beschäftigt er sich mit medizinhistorischen Themen. Er hat die Geschichte von vier Darmstädter Kliniken recherchiert, darunter die der Kinderkliniken und – zusammen mit Ruth Reichardt – die Geschichte des Teilklinikums Eberstadt publiziert: Ins Licht gerückt... Von der Provinzial-Pflegeanstalt Eberstadt zum Teilklinikum der Stadt Darmstadt, 1903 – 2013. Grimm referierte über „Goethe und Schiller aus ärztlicher Sicht" und befasste sich mit der Geschichte der Standessymbole von Ärzten und Apothekern: Schlangenstab und Schlangenschale.

*Dr. med. Immo Grimm*

## Dr. med. Wolfgang Kauder

Jahrgang 1941, war Leitender Arzt am Marienhospital Darmstadt und hat dort 30 Jahre als internistischer Belegarzt gearbeitet. Er hat die Entwicklung des Krankenhauses von der drohenden Schließung Anfang der 1980er über die Eröffnung der modernen Neubauten 2005 bis zum Verkauf 2015 aus nächster Nähe miterlebt. Die verschollene Biographie des ersten ärztlichen Krankenhausleiters konnte er in detektivischer Kleinarbeit rekonstruieren. Seit Beendigung seiner regulären Berufstätigkeit arbeitet Kauder in der von ihm mitbegründeten Armenarztpraxis „Malteser-Migranten-Medizin am Marienhospital Darmstadt".

*Dr. med. Wolfgang Kauder*